培养孩子
抗压力的方法

[日] 江藤真规 著 宋天涛 译

机械工业出版社
CHINA MACHINE PRESS

「心が折れない子ども」の育て方（江藤真規著）
KOKORO GA ORENAI KODOMO NO SODATEKATA
Copyright © 2012 by MAKI ETO
Original Japanese edition published by SHODENSHA Publishing Co., Ltd., Tokyo, Japan
Simplified Chinese edition is published by arrangement with SHODENSHA Publishing Co., Ltd. through Discover 21 Inc., Tokyo.
This title is published in China by China Machine Press with license from SHODENSHA Publishing Co., Ltd. This edition is authorized for sale in the Chinese mainland (excluding Hong Kong SAR, Macao SAR and Taiwan). Unauthorized export of this edition is a violation of the Copyright Act. Violation of this Law is subject to Civil and Criminal Penalties.

本书由SHODENSHA Publishing Co., Ltd. 授权机械工业出版社在中国大陆地区（不包括香港、澳门特别行政区及台湾地区）出版与发行。未经许可的出口，视为违反著作权法，将受法律制裁。

北京市版权局著作权合同登记 图字：01-2019-0970号。

图书在版编目（CIP）数据

培养孩子抗压力的方法／（日）江藤真规著；宋天涛译.
—北京：机械工业出版社，2019.7（2023.3重印）
ISBN 978-7-111-62612-1

Ⅰ.①培… Ⅱ.①江… ②宋… Ⅲ.①家庭教育Ⅳ.①G78

中国版本图书馆CIP数据核字（2019）第080422号

机械工业出版社（北京市百万庄大街22号　邮政编码100037）
策划编辑：刘春晨　　责任编辑：刘春晨
封面设计：吕凤英　　版式设计：张文贵
责任校对：孙丽萍　　责任印制：常天培
北京铭成印刷有限公司印刷
2023年3月第1版第5次印刷
145mm×210mm·5.5印张·90千字
标准书号：ISBN 978-7-111-62612-1
定价：49.80元

电话服务　　　　　　　　网络服务
客服电话：010-88361066　　机　工　官　网：www.cmpbook.com
　　　　　010-88379833　　机　工　官　博：weibo.com/cmp1952
　　　　　010-68326294　　金　书　网：www.golden-book.com
封底无防伪标均为盗版　　机工教育服务网：www.cmpedu.com

父母改变，孩子也会跟着改变

父母是孩子身边最近的模范

序
PREFACE

"如果让我从头再养育一次孩子,我会培养他们什么能力呢?"

前几天,我在一家常去的咖啡厅里看见一对母子,妈妈在指导孩子做辅导班的作业,看着他们的身影,这个问题就浮现在了我的脑海中。

2012年春天,我的两个女儿都大学毕业了,她们开始各自迈向自己选择的人生道路,所以我的育儿时期也算告一段落。但是,由于《让孩子自发学习的方法》等书要出版上市,而且我还开设了面向妈妈群体的"妈妈学校",所以会收到来自妈妈们的各种提问。

从很早以前我就开始发行的电子杂志上也有"Q&A"专栏,最近里面的问题内容发生了变化。以前询问的问题大多是"如何提高孩子的学习成绩"等学习技巧类的问题,而现在关于"孩子在学校受到了同学的欺负""中考失败了,学不进去""或许太累了,每天一点精神也没有"之类的问题越来越多。

与之前相比,育儿相关信息增长了数百倍、数千倍。面对如此庞大的信息量,我们更加不明白自己应该相信哪些,前进方向又在哪儿。

生活在信息时代,我会如何育儿呢?我再次认真思考,脑海里浮现出了"培养孩子抗压力"的框架。

培养出能够自我肯定的孩子,即便发生艰难困苦、意外之事,也会觉得"现在的自己挺不错的""很高兴出生到这个世界上"。

要顽强生存,即活出自我、怀有自信、随机应变且不畏惧变化。无论到何时,父母能做的事情都是有限的。即便希望孩子生活在没有压力的环境中,可生存原本就是压力,纵使除去了一个压力,其他压力还会变换形态接着出现。

"希望孩子尽量快乐地活着",可孩子不能永远活在父母的保护之下。随着成长,孩子看见的风景会逐渐变化,会逐渐不满足父母提供的环境。父母提供的环境是有限的,之后只能让孩子自己成长,自己吸收外来事物,自己思考。

而现在孩子们需要的,正是能够自己开辟道路的力量。

总之，家庭教育是第一教育，即便他们去学校，去辅导班，在家里度过的时间也是最长的，就像每天沐浴洗澡一样，他们每时每刻都在接受父母的价值观，尤其是长时间生活在一起的妈妈的价值观，会影响孩子价值观的初步形成。

也就是说，如果妈妈变化，孩子也会跟着变化。

为了培养出有抗压力的孩子，现在请大家一起来思考如何更好地进行家庭教育。

本书会介绍妈妈们提出的问题，以及我对应的回答。这些问题都取自于我发行的电子杂志"妈妈学校·成员沟通"（登录方法等详细信息请浏览妈妈学校官网http：//www.mothercollege.com/）。

此外，我还列举了孩子会随着妈妈变化的实例，最后一章也收录了"正向教育妈妈"（第6章会对"正向教育妈妈"进行详细讲解）座谈会的内容。

希望本书能够帮助你构筑更幸福的亲子关系。

江藤真规

目 录
CONTENTS

序

第 1 章 001

何为"内心强大的孩子"

"名校毕业便能获得幸福"的时代已经终结 / 002

未来不可预测,以往的价值观不再适用 / 004

我在女儿毕业典礼上的感悟 / 006

从就业的女儿身上感受到了"百折不挠的心" / 007

构成"强大内心"的 5 个要素 / 015

为什么要培养孩子变得"内心强大" / 017

江藤老师,请告诉我们 / 019

第 2 章 021 如何培养出不惧挫折、内心强大的孩子

育儿目标是"自立" / 022

根据年龄改变保护孩子的方式 / 024

为了已经是大学生的孩子而学习外语的妈妈 / 025

找准目标,慢慢来 / 028

克服困难的经历亦是一种"增强自信" / 029

亲子对话十分重要 / 031

设立对话时间,养成习惯 / 032

如何应对"我家的孩子不搭腔" / 035

等待 30 秒,引导孩子谈话 / 036

对话示例 1:我会一直望着你 / 038

对话示例 2:你将来想做什么 / 040

开动脑筋,让孩子爱上看书 / 042

不要做过于约束孩子的父母 / 044

夸奖的同时不可忘记的事情 / 047

牢记"孩子与自己是不同的、独立的人" / 049

非语言沟通的重要性:认真听孩子讲话也很重要 / 051

活动双手的效果 / 053

让孩子听到别人的"谢谢" / 054

没有比厨房更能体验"学习"的地方了 / 056

如何让孩子变得坚决果断 / 058

江藤老师,请告诉我们 / 061

第 3 章 063 如何培养出不惧考试、内心强大的孩子

成绩下滑时如何安慰 / 064

如何鼓励提不起干劲的孩子 / 067

如何回应孩子的"办不到" / 069

没有基本学习能力,一切都是空谈 / 071

使人丧失干劲的忌语 / 072

如何应对孩子说"不想上补习班" / 074

考试失败时,父母应当如何做 / 080

江藤老师,请告诉我们 / 083

第 4 章 085 如何培养出不惧欺凌、内心强大的孩子

既要融入集体,也要做自己 / 086

"你要变强"是禁语 / 087

只要有同伴,哪怕只有一人,也会自我肯定 / 089
告诉孩子,"我就在你身边" / 091
如何看待孩子的朋友往来 / 093
对话会在以后发挥效用 / 095
江藤老师,请告诉我们 / 097

第 5 章 孩子会随着妈妈的改变而改变
099

我自己是如何改变的 / 100
我也曾穿着铠甲 / 105
朋友的一言让我卸去铠甲 / 107
卸去铠甲的我又是如何改变的 / 108
育儿即培养孩子的习惯 / 110
妈妈也可以迈向新人生 / 112
人生只有一次,没有"第二人生" / 114
审视妈妈这个角色,转变视角并随之改变 / 115
对于不知道的事情就明确地说出"不知道" / 117
妈妈的大部分烦恼来自于"别人家的更好" / 119
孩子会随着妈妈的改变而改变 / 121
江藤老师,请告诉我们 / 123

第 6 章 125 来自实施正向教育法的妈妈的建议

何为"正向教育妈妈"／126

如何实施正向教育法／127

因为实施了正向教育法,女儿们也跟着改变／135

试着挥动自己的羽翼／137

如何战胜育儿压力／139

想象 10 年后孩子会变成什么样／143

江藤老师,请告诉我们／145

第 7 章 147 正向教育妈妈座谈会

首先告诉孩子"妈妈是你的好伙伴"／150

认真听孩子讲话也是一大精神支柱／154

改变说话方式,孩子也会发生改变／157

以自己的行动改善孩子的问题／161

第1章

何为『内心强大的孩子』

"名校毕业便能获得幸福"的时代已经终结

提到"强大的孩子",大家会想到什么形容词呢?不生病、身体结实的孩子;力气大的孩子;不服输的孩子;积极参与活动的孩子;有领导力的孩子……都可以用"强大"一语概之,但"强大"也分很多种。

一般提到"强",感觉是具备优越他人的力量,或者立于高处。但本书中所说的强,和上述的"强"有所不同。

现在的孩子面对着各种压力,压力的类别之多、影响力之大甚至连作为成人的父母都无法想象。有的孩子甚至因为压力太大而心理崩溃。

为了避免此类情况的发生,父母应该如何培养出内心强大、有抗压力的孩子呢?

第1章
何为"内心强大的孩子"

本书中的"强大"指的就是内心强大、具有一定的抗压力。

"强大"不同于与生俱来的体质、性格。即便是容易感冒的孩子,畏缩、怯场的孩子,不善于领导他人的孩子,也可以变"强大"。

这种"强大",既不是和别人竞争以占据优势,也不是为了压制他人。

那么这种"强大"到底作用于何处?又是如何发挥作用的呢?

简单而言,这里的"强大"指的是能够依靠自己的双脚走出自己的人生,依靠一己之力探索未知的未来。

我们现在正在迎来巨大的转型期。变化的浪潮会延伸到孩子的未来,甚至波及与孩子息息相关的教育。

不久之前,人们还认为学习成绩好、上好的大学、进入大企业就是获得幸福人生的保证。

许多父母为了让孩子拿到通往幸福的车票,会高度关心孩子的学习能力,倾尽全力让孩子上好的学校。我也不例外,十分关注两个女儿的教育,可喜可贺的是女儿们都考上了东京大学,2012年春天顺利毕业了。

但遗憾的是,现如今并不是"毕业于名校"就一定能

"获得幸福"。

因为"从好大学毕业就能获得幸福"的时代已经一去不复返了。

未来不可预测，以往的价值观不再适用

日本曾有一段高度发展期，在当时那个社会，父母让孩子接受优质的高等教育，然后把掌握的技术、知识活用到社会上是非常重要的。因为那是让日本发展的原动力。当时的社会需要的是受过高等教育的优秀人才，也就是说，成绩好、毕业于一流大学就代表优秀。

随后日本实现了惊人的高度发展，加入发达国家行列，成为所谓的经济大国。紧接着进入了泡沫经济时期，经济出现衰退，全球化、IT化、低生育率、老龄化蜂拥而至，2011年又发生了大地震。

在那期间，大学升学率上升，2009年一半以上的高中生都上了大学。

第 1 章
何为"内心强大的孩子"

时移世易。

时代变化,人才需求也会相应改变。成绩优秀、毕业于一流大学不再是唯一的人才评价标准。

实际上,丰田汽车、朝日啤酒、索尼、IBM 等大企业现在实行了"不问大学名称"的招聘策略。我想这个趋势会越来越明显。

今后世界会持续变化。信息常常更新,昨天的新闻会成为明天的历史。谁也无法预测未来是什么样子。而生存在这样的社会中,我们必须具备什么能力呢?

父母想教孩子在未来生存的手段,但父母此前构建的价值观对无法预测的未来真的适用吗?

如果父母以过去的经验为基础给孩子建议,恐怕也会被付之一笑吧,"过去是那样,但现在时代已经不同了"。

父母给不了的,孩子只能自己动手获得。

前方充满了未知,孩子必须具备"百折不挠的心",无论发生任何事情,都能坚强地靠自己的双脚走出自己的人生;必须变得"强大",能依靠一己之力开创未知的未来。

我在女儿毕业典礼上的感悟

2012年3月23日，就读于东京大学的两个女儿迎来了毕业。大女儿上的是6年制的医学专业，所以和文学系的小2岁的小女儿一块毕业。

为了亲眼见证孩子们的盛装形象，我也参加了毕业典礼。

身着和服、背部挺得笔直，从她们威严的姿态中我切身感受到她们长大了。看着她们和朋友、老师亲切地交谈，展露出了我不知道的另一面，我真的收获了很多感动。院长对毕业生们的优秀致辞也为她们的学生时代画上了完美的句号。

父母投向孩子的目光中往往会含有不放心。因为重视、疼爱孩子，所以担心他们的未来。

但是，当天我望向女儿们的目光中没有一丝的担心与不安。看着她们身穿华服、和朋友们侃侃而谈、认真聆听院长的祝辞，我确信没什么需要担心的。

第 1 章
何为"内心强大的孩子"

这是因为在迎来毕业典礼之前,我从女儿们身上看到了"强大",这份"强大"足以让她们坚强地应对未来世界的任何变化。

从就业的女儿身上感受到了"百折不挠的心"

春一号强南风呼啸而来,樱花前线一路朝北登上日本列岛,女儿们踏上了新的人生阶段。前进方向虽然不同,但二人终于都进入了社会的大浪潮中。

"将来想从事什么职业?""你想做什么工作呢?"

女儿们还小的时候,我就经常问她们这些问题。两个人说出各自的梦想后,我又会接着问:"那你为了从事这个工作,要学习什么知识,做出哪些努力呢?"她们又一块思考应当攻读的学校。我一步步地引导她们,让她们知道,在决定好志愿学校后就要制定考学对策,习得与学校相匹配的学习能力。

现在回想起来,她们能考上东大,与其说是她们本人一直以来的希望，倒不如说是我想让她们在最好的环境中学习的期望更胜一筹。虽说最后还是她们自己决定考哪所学校，但不可否认的是，里面有我的引导在发挥作用。

关于就业，出于对女儿们将来的考虑，我也有一些想法，"希望从事这样的工作""希望进入那样的公司"。

但是这次除了必要的建议外，我没有插手任何事。

工作和上学不同，不是读几年就毕业了。一旦就业工作，就会花费人生很长的时间。

而且孩子们都想回报"父母的期待"。就业在很大程度上左右着人生，如果我婉转地暗示出自己的期望的话，很可能就控制了女儿们的生活。

我本身也认为"这个阶段绝对不可以干涉她们"，不过，在我还没开口的时候，女儿们就斩钉截铁地对我说："妈妈，就业的事情你先不要说你的想法。""之前我插手太多了"，这么一反思，我把溜到嘴边的话又坚定地咽了下去，只是默默地看着她们为毕业后的出路迷茫、烦恼、深思熟虑。

对于我来说现在正是关键时刻。虽然我经常对妈妈学校的学员们说"请耐心等待孩子的决定"，但这次是自孩子出生以来，我第一次这么漫长地等待孩子们做出决定，忍住想说的话，耐心地等待。

第 1 章
何为"内心强大的孩子"

妈妈学校是我主办的"为妈妈们提供知识的学习场所"。关于妈妈学校我会在第 5 章进行详细说明。

一下子不插手女儿们的事还有点不习惯,所以等待的过程超乎想象的煎熬。但女儿们在这段时期的成长让我惊讶。我能够感到两个人内心里的"强大"。

女儿们展示出来的"强大内心"到底是什么呢?

我就通过两个女儿各自的经历来介绍一下吧。

选择当研究者的大女儿

大女儿喜欢学习,学习能力也强。用跨栏来说的话,就是那种不断加高跨越前行的类型,竞赛、考试总想拿第一,所以很符合日本的考试模式。她也相信"自己能做到",能做到就会觉得有趣,产生协同效应,对学习也就更加积极。

攻读东大医学系虽然是有"要成为好医生,医治病人"的使命感在内,但更主要的原因是大女儿有着与医学系相称的成绩,毕竟使命感是在之后的学习过程中才慢慢培养起来的。

进入医学系还有一个原因,就是她自幼就有着"想成为研究者"的梦想。虽然研究对象没有决定,但她一直憧憬着能够"身穿白大褂,做着实验,发现新事物"。

在决定好方向后，具体攻读医学系的哪一科也是一大问题。做不出决定的大女儿几乎每一天都在和别人讨论交流。

如果她问我："妈妈觉得哪科好呢？"我会建议女性较多的皮肤科、眼科。因为女性面临着结婚、生子、育儿等人生大事。从体力、精神方面来说，这两科也适合女性工作。

虽然大女儿没有问我，但我内心期待着能有人告诉她"女性的话，这科轻松"。也不知道女儿是不是猜到了我的心思，大女儿展现出的架势显然是"不想选择轻松的道路"。

"我不是为了轻松而生存，如果我想要轻松的话，就不会报考医学系了。"对于她坚定的意志，我只有缄口不语。

有一段时期，她着迷于脑外科手术，对我说想去脑外科。当时我无数次在内心呐喊："太累了，会累坏身体的，放弃吧！"

但也明白只要是这孩子自己决定的事情，最后一定会达成目的，所以我就一直没有插手。

最后，她也得到了周围老师们的建议，选择了她一直憧憬的研究者道路。

对我说她的选择时，她最先说的是："研究者的待遇没有临床医生那么好，您会介意吗？"研究者和医生在薪酬福利上有很大的差别。东京大学很少有学生会进修研究方向。大女儿的选择算是鲜有的例子。

但是，这是她自己认可的选择，没有比这更好的决定了。我自己也能切身感受到，比起报酬等其他方面，自己喜欢才是真正的幸福，所以我回答道："当然可以啊，你能做出决定真是太好了！"

得到我的回复后，她说出了自己的决定："我果然还是适合埋头踏实地做实验，开发新东西。我觉得自己在研究方面更能为患者做贡献。"

这份强大的决心深深扎根在大女儿的内心，笔直地伸向未来。

我已经没有什么更好的提议可以对她说了，我会坦然地接受她的选择，衷心支持要成为研究者的她。

在普通企业就职的小女儿

小女儿从初中起就有一个爱好。高考时，她一度陷入迷茫，是上大学呢？还是进修自己的爱好？后来我的建议大大地影响了她，"达成目标有各种途径""现在所学的知识是在为进一步拓展爱好打基础"，因此她考入了东京大学文学系。

虽然最终的选择也得到了她的认可，她不后悔，但她很大程度上也是为了回报我的期待。

这次我不能插任何嘴。小女儿几乎没有一点打工经验，甚至不知道企业是什么样子、有哪些职业种类。"公司在做什么？""银行在做什么？"看着她疑惑的样子真是为她捏一把汗，我忍不住就想说几句，但最后我还是耐心地闭口不言，把一切都交给她自己。

有一段时期，她决定在风险投资公司就职，那块领域我不太了解。虽说她已经过了20岁，但在我眼里还是个小孩子。即便我心想着"会不会被花言巧语骗了呀"，但当她告诉我她的想法时，我仅仅提了些建议。"做工作的人是你，获得报酬的也是你，所以你自己做决定就行。但女性面临着结婚生子几件人生大事，所以时常要想着未来自己想过什么样的生活。你只需要想清楚一点，如果在那家公司工作，你将来会过上什么样的生活。"我没有说出否定的意见。

如果此时我表现出了一点点的否定，她就会察觉到我的期待，就不能纯粹地凭借自己的意志来决定工作地点了。心里虽然担心她，但我对待小女儿和大女儿一样，相信"这孩子没问题"。所以我反复说服自己"这个孩子会选择出适合她的地方"，默默地守护着这份信任。

最后小女儿结合自己的梦想和将来的工作，用各种媒体

第1章
何为"内心强大的孩子"

工具搜索相关信息、询问前辈,最后找到了与最感兴趣的领域相关的企业。幸运的是,应聘的多家企业都给了她录用信。

其中就有两家大企业,小女儿面临着二选一。

A公司还是B公司呢?

从表面数据来看,A公司优于B公司。

虽然我不想让孩子受苦,希望她们能过轻松的生活,但这时候我也没有发表任何意见。

在独自烦恼、经过深思熟虑后,小女儿选择了B公司。

她问我:"妈妈,怎么样啊?"

我答道:"当然可以。因为这是你的人生。"

决定去B公司的关键点是因为B公司更符合她的性格。因为她看重人际关系,很关注职场环境与自己的个性是否相合,这是她首要考虑的因素。

决定好去哪家公司后,小女儿第一次对我说:"真庆幸考上了东京大学。"

我想她说这句话并不是指依靠东大的名声找到了好工作,而是想说在东大学习结交到了好朋友,从中发现了梦想的意义。

小女儿通过找工作以肉眼可见的速度在成长。

而且小女儿不是那种"我会做这个、会做那个"善于宣传自己的类型,也没有领导能力,外表看起来靠不住,但是她现在说"妈妈和我现在都很强"。

周围人以为小女儿的人生顺风顺水,不知辛苦为何物,但实际上在异国他乡的生活很艰辛,回到日本后的应考也很辛苦。而且姐姐还那么优秀,在姐姐的对比下也有不小的负担。但正因为她经历过这么多,所以才变得这么强。

的确,她9岁之前曾两度在美国生活。由于姐姐学习非常好,别人提到她也是说"原来是那个孩子的妹妹啊"。

她所说的"强"是:清楚"自己想做的是什么";能够从零开始以自己的方式去寻求"自己想做的事";独立决定出最终的选择;而且在实现目标的过程中,对周围人心怀感恩。

执笔此书时,我问小女儿:"你认为内心强大的人是什么样的人呢?"她回答我说:"对自己有自信的人。"

不是"会做这个""会做那个"的那种自信,而是无论发生何事,都拥有"自己能够跨越"的自信。

有这份自信作基石,我相信无论前方遇见什么样的困难,她都不会逃避,都会勇敢地面对并坚强地跨越难关。

第 1 章
何为"内心强大的孩子"

构成"强大内心"的 5 个要素

大女儿选择当一名研究人员,而小女儿选择在普通企业就职。两人都凭借自己的能力找到了想要努力的方向,向着未来展翅翱翔。

在女儿们即将进入社会的"育儿最终阶段",看着她们怀有强大的内心、拥有严于律己的姿态,我真的无比欢喜,很庆幸自己一直到最后也没插手她们的选择。

我把她们身上体现出来的"强大内心"替换成具体的语言来进行表述。

- 自信
- 自我认可
- 怀有感恩之心
- 自律
- 对自己负责

下面简单地加以说明。

如前文所述，此处的"自信"并不是对过去或者目前能够做到的事情产生自信，而是无论以后发生什么，都会相信自己能够战胜一切，是对于未来的自信。这种自信会赋予我们应对困难并战胜困难的力量。

"自我认可"是指接纳并认可现在和以往的自己，觉得"这个样子的我挺好的"。自我认可会提升自我肯定感，产生挑战新事物的勇气。

"怀有感恩之心"是指对于自己身边的人，怀有"谢谢你们支持我""谢谢你们帮助我"的感恩之情。不忘感恩的人在各种情况下都会得到他人的援助。

"自律"是指怀有自己非一人独立生存，而是共生于人类群体的意识，对人、对物严于律己。珍视爱惜自己，不任性地张扬自己，能够做到与他人共生的同时坚持己见。一个人正是与他人产生关联，才得以作为人生存，人无法独活。

"对自己负责"是指抱有"活出自我"的意志，自己能够明辨是非。"既然自己来到了这个世界，便要活出自我"，这会让一个人爱惜自己并积极地面对人生。

孩子必须要具备此处所说的5个要素。它们会帮助孩子战胜不可预知的未来，面对困难也会有一颗百折不挠的心。

第 1 章
何为"内心强大的孩子"

为什么要培养孩子变得"内心强大"

如上所述,世界瞬息万变。

随着网络、手机的普及,如今孩子生活的世界和我们以往所经历的完全不同。生活在变得快捷便利、丰富多彩的同时,孩子要承受的压力也急剧增大。

海量信息充斥在孩子的周围,他们分不清哪些可以信赖,哪些又是垃圾信息,更何况里面还可能隐藏着有害信息、不良诱惑。比如,网上充满了吸引孩子眼球的动漫、游戏,他们甚至会不分昼夜地一直玩。

对于孩子来说,接触大量信息是压力,抵抗诱惑也是压力。

有了随时随地可以联系他人的手机,孩子会在父母看不见的地方交各种朋友。

手机可以轻松联系朋友,但也有着不良影响。有的交友圈便存在着苛刻的规则,例如收到信息后必须在 30 分钟以内回复，或者回复了反驳的信息就会被排挤等。

这种朋友往来方面的社会压力比我们想象中更为严重，与那个没有手机的时代是截然不同的。

对于现在的孩子来说，父母对自己的要求变高也是潜在的压力。

现在正处于育儿阶段的父母大多受过充分的教育，人生阅历也丰富。但在以前，孩子学到的知识对于父母来说是十分新奇的，"原来你们学的是这样的东西啊"，甚至伴随着喜悦和惊奇。

而现在的父母懂得许多知识，孩子想要回应父母的期待很不容易，因为父母的学识常常高于自己。在无形之中孩子便会认为"比不过父母""无论何时都会辜负父母的期待"，这对于他们而言正是一大压力。

现在的孩子正承受着超出我们想象的巨大压力。

所以必须在孩子进入社会之前，从中小学开始就培养他们具备一颗强大的、百折不挠的心。

那么，怎么做才能让孩子变得"内心强大"呢？

接下来的第2、3、4章将阐述如何培养出孩子"强大的内心"，让孩子具有抗压力，以我自己的育儿经验为基础，改正了一些不足并加入反思，供大家参考。

Q 孩子觉得踢足球是自己要一生努力的事情,一直不想学习。该怎么办才好?

●● 江藤老师的建议

你的孩子很喜欢足球,我觉得这是好事。

父母总是觉得孩子不应该老是踢足球,更要努力学习,但首先要看到孩子的优点。

对足球认真、有自己很喜欢的事,这就是优点。

★很喜欢

↓

★快乐

↓

★产生自信!

这完全与产生干劲儿相关。

首先要认可他热衷足球的态度。

在此基础上,向他传达"你能够这么热衷于踢足球,一定有着很好的专注力"。

一边夸赞他:"如果你把这份专注力用于学习,究竟会把问题解决得多好呢?"把他对足球的自信转移到学习上。

否定足球,一味面向学习,绝对产生不了干劲儿。

★能够专注

↓

★所以也能够学习!

请试着从让孩子拥有这份自信开始。

第 2 章

如何培养出不惧挫折、内心强大的孩子

育儿目标是"自立"

与其他动物相比，人类要花很长的时间来培养孩子。

以马为例，小马出生几个小时之后便能站立起来，而人却要从翻身、爬行、抓扶站立一步步学起，到自行站立要花将近一年的时间。

学会说话、吃饭、排泄还要花费数年，而到生活能够自立、经济达到独立又要花十几年。

长时间的育儿已经让父母习以为常，很容易忘记育儿目标这个根源问题。当然，孩子无论多大都是父母的心头宝，这永远不会改变。无论到何时，父母都永远是孩子的父母，但这并不意味着"育儿"也要永远持续。

那么应该何时结束育儿呢？

第 2 章
如何培养出不怕挫折、内心强大的孩子

在日本，20岁便被视为成人，拥有选举权，可以喝酒。

或许父母认为孩子到20岁便代表着育儿阶段的结束。但是，父母要明白，并不是所有人到了20岁都能够完成同样的事，过上相同的生活。这和所有人并不是在1岁都能自行站立是一个道理。

我认为育儿的终点是"自立"。

"自立"是指不再依赖父母和身边的人，而是自己作为一个独立主体照顾自己的生活。无论在经济上、生活上，还是精神层面，都不再依赖任何人，独立自主。

育儿会面对各种情况，而父母往往只关注眼前的琐事而迷失大目标，这也是不容分辩的事实。

此处说些题外话，第1章说的"自律"，是指和周围人共处共生，严于律己。和自立不同，"自律"与年龄关系不大，孩子很小的时候就可以达到自律。相反，表面自立但无法自律的成人也大有人在。**自律对于一个人而言非常重要，孩子以自律的状态做到"自立"，便是我所理解的育儿目标。**

培养孩子抗压力的方法

根据年龄改变保护孩子的方式

保护孩子是父母的义务。特别是婴幼儿，脚下不稳，看着他们摇摇晃晃便认为他们会摔倒，所以父母想要排除孩子周围的一切危险，看着孩子好像要摔倒时就立即把他抱起来。

父母不想让孩子感到"疼"和"痛苦"。所以以己为盾，自己事先"未雨绸缪"。

即便孩子能够稳稳地站立，能够掌握平衡，但身边也还是潜藏着各种危险。和朋友玩有可能争吵，有可能打架受伤，看手机或许会接触到网上的不良信息。

到了那时，父母又会担心这个、担心那个，想要保护孩子。但是，不让孩子和朋友玩、不给他们手机，问题便能解决了吗？

第 2 章
如何培养出不怕挫折、内心强大的孩子

我不这么认为。

因为父母与孩子不会永远在一起。如果是宠物,我们还有可能一直照顾它直到它去世。换成孩子,我们却做不到。

经过成长的各个阶段,孩子最终会离开父母,在父母不知道的地方,遇见形形色色的人,接触到各种信息。而且通常情况下,父母会比孩子先去世。

如果真的是为了孩子考虑,那么我们应该做的并不是抢先扼杀危险的萌芽,而是让孩子学会避开危险,即使避不开,也要让他们学会利用智慧把伤害降到最低,战胜受到的打击。

育儿最重要的并不是永远保护孩子,而是按照他们的成长阶段逐渐改变守护方式。根据孩子的年龄,增加由孩子自己动手、判断的机会。

为了已经是大学生的孩子而学习外语的妈妈

曾经的媒体热点是"离不开父母的孩子",现在的话题却是"离不开孩子的父母"。

人类刚出生时真的是什么也不会做，所以父母必须帮助孩子做很多事，时间一长，父母就会觉得"如果没有我，这孩子什么也做不了"。

我因为工作的关系会遇见各种妈妈，听到各种育儿事迹。比如有的家庭父母对孩子的高考拥有决定权，有的妈妈甚至连备考复习日程都替孩子安排好，这些都屡见不鲜。父母"离不开子女"让我思考了许多。

其中一位妈妈让我非常惊讶，她竟然为了上大学的孩子，去学了外语。

她自己成了老师，在家教孩子，让孩子考上了某大学。从这一点来看，她充分（也可以说过剩）发挥了妈妈老师的作用。但她并没有就此结束。

在孩子上大学后，她对我说："孩子第二外语的成绩不好，我先去学然后教孩子。"

她在倾尽一切地帮助孩子，但是，父母过于溺爱孩子的话，孩子就永远无法自立。

现在的父母一辈非常有活力，在孩子结婚后，父母也会帮忙为孩子做家务，等待着孙子、孙女的出生，"爷爷奶奶带孙子"已经是很常见的现象。

第 2 章
如何培养出不怕挫折、内心强大的孩子

以前的我也有点溺爱孩子的倾向,觉得自己帮女儿带孩子很正常,但现在我的想法改变了。关于内心产生的变化我会在第 5 章进行阐述。

"身体健康,又有时间,能够帮助到孩子,这有什么不好吗?"

有很多人会这样想。但是,如果父母过于干涉孩子,很可能就会夺取孩子的人生。

即便是父母也没有权利夺取孩子的人生。

如果父母一直无条件地帮助孩子,一直不给孩子自立的机会,一旦有一天这些全都消失了,孩子就会穷途末路。那样的人生,是谁造成的呢?

育儿不存在教科书,也不会有人提醒说"现在马上离开孩子比较好"。

所以扪心自问,自己提供的帮助是否会妨碍孩子的自立,重要的是自己做出决定,慢慢地远离孩子让他学会自立,"现在远离他一步""现在远离三步"……直至不会干扰孩子的生活。

找准目标，慢慢来

有的父母离不开孩子，也有不少父母认为"必须早早地让孩子自立""必须把孩子培养得坚韧不拔"，就像狮子把小狮子推落悬崖一样，强制性地撇开孩子不管。

很多早期教育都认为任何事情都尽早完成是为孩子好。但是花蕾绽开、花落结果都需要时间，离开孩子也有相应的时机。

虽说一直参与孩子的所有事情是不对的，但过于急躁地撇开也绝不是好事。重要的是找准恰当的脱离时机。

以我为例，我常常对自己说"女儿们在成长，我作为妈妈也必须成长"。每个阶段我都决定好对孩子事情的参与度，上小学之前是100%，上小学之后降到80%，初中50%，高中30%。

当然，并不是说在上小学的那天，参与度突然从100%降到80%。我会观察女儿们的状态,根据她们各自的步调反复调整,一点点地降低。

育儿期间的烦恼会接踵而至,但那才是孩子在成长的证明,妈妈们在为目标努力的同时也要放平心态,慢慢来。

克服困难的经历
亦是一种"增强自信"

正因为爱孩子,所以不想让他经历挫折和失败。我很理解父母都有这样的心理。

失败、挫折的确是痛苦艰辛的体验。

挫折也分很多种。小到被老师批评、课上发言失败;大到放弃社团活动、补习班,失恋,考试失利,和朋友关系变差,甚至受到欺负……

但是,如果害怕挫折、害怕失败,就无法挑战新事物。挑战机会少就相当于缩减了孩子人生的可能性。

俗话说"失败乃成功之母"。可以说失败、挫折经历得少，成功也会变少。

克服掉困难的人的确会变强。

当然，那么艰辛的经历谁都不想再体验第二次。但当我们面对同样的困难时，就会坚信自己可以克服。

因为，人做过一次的事情一定能再次做到。

下次碰到困难时，即便艰辛丝毫没有减少，我们也会产生大大的自信，"没问题，我能再次克服"。

看着孩子受苦是父母难以忍受的事情。父母常常想尽办法去帮助孩子，减轻他的艰辛。但是，如果孩子打算靠自己去应对时，父母要做的就是在一旁默默守护。人会从痛苦、思虑、烦恼中有所收获。

如果孩子要依靠自己去解决问题时，父母贸然插手，很可能就剥夺了孩子成长、变强的机会。

这都要根据孩子的成长程度而做出相应调整。即便孩子在饱受艰辛，也要考虑父母在那个阶段的参与度，提供给孩子相应阶段的最恰当的帮助。

为了培养出有抗压力、内心强大的孩子，希望父母认真地思考一下，我们该如何提高孩子的自我肯定感呢？

第 2 章
如何培养出不怕挫折、内心强大的孩子

亲子对话十分重要

孩子生活在家庭、学校、社区三种环境中,父母会在意孩子在目不可及的学校、社区内的情况。但我认为,父母最好只在家庭这个和自己直接相关的领域内对孩子说出意见、作出指示。

如果父母过于干涉孩子在学校、社区的生活反而会影响孩子的自立。对于不属于自己领域的学校、社区,最为理想的方式就是相信孩子,拿出完全信赖的姿态。

在家庭环境中,为了培养出有抗压力、内心强大的孩子,父母能做的就是和孩子对话交流。

为什么说对话重要呢?因为我们可以通过对话培养孩子的自我肯定感。

自我肯定感即认为"自己是无可替代的存在",包括自己的优点和缺点在内,能够100%接纳自己。"原原本本的自己很好""庆幸自己来到这个世界"。

自我肯定感高的人就会相信自己的能力,对自己说是。

这样的人能够大胆地为人处世。而且在与人相处时，会像肯定自己一样认可他人、肯定他人。自我肯定感也会与共生之心相结合，令人产生感恩之情。

也就是说，提升自我肯定感，可以让我们同时掌握前文提到的"强大内心"的5个要素。

有不少人会想，自我肯定感不是与生俱来的吗？以前我也这么想。

事实上绝非如此。

自我肯定感会因某人的一言而提高。特别是孩子，他们很大程度上是通过周围人的评价来确认自己是怎样的存在。

因此，在家庭中的亲子对话，父母对孩子说的话就变得极其重要。

设立对话时间，养成习惯

读到这里，有的读者会想，我和孩子每天也对话啊，话多得甚至孩子都烦我。但重要的是，那些对话、唠叨成为提

第 2 章
如何培养出不怕挫折、内心强大的孩子

高孩子自我肯定感的助力了吗？

认真回顾一下和孩子的日常对话，是不是发现几乎都是"快点做""学习怎么样""你要玩游戏玩到什么时候"等催促、责备、批评之类的话语呢？

而且现在的孩子每一天过得都很忙碌，上学、参加社团活动、学习技艺、参加培训班，所以每天见面只会交流"早上好""吃饭了""路上小心，慢走""欢迎回来""晚安"等寒暄语。

我想和孩子积极地交流，所以把喝茶、吃饭的时间都当作对话时间，并把它固定成习惯。刻意留出对话时间不仅费力，而且即便空出了这样的时间，说"来谈谈吧"，相互之间也会不自然。

如果是喝茶、吃饭，一天就会进行数次，家人在饭桌上坐着，一起度过一段时间。而且在吃饭的时候，每个人都会变得放松，也容易谈得起劲。

对于面临考试的女儿们来说，喝茶、吃饭是唯一休息和放松的时间。在这个短暂歇息的时间里，她们会发发牢骚，说"那些题还不会做""总感觉自己不行"，以此把握自己的现状，放松心情。恢复活力后再次面向学习，"好的，这次就

学习到几点几点吧"。

而且吃饭的时间大体上是固定的,这就相当于一个良好的心脏起搏器。

以前在对话时间,我会把电视机关掉,但现在我认为如果暂时没有要交流的话题,一边看电视一边讨论相关内容也不失为一种对话方式。

由于时间关系无法面对面吃饭时,可以把睡觉前的几分钟当作对话时间。"今天发生了这些事和那些事",告诉父母的话,孩子也会感到安心,睡得香甜。

对话要有对象才能成立。生物学中有"autocrine(自分泌)"一词,在教练(Coaching)领域里也有相似的现象,即自己说的话不仅会传达到对方的耳朵里,也会传达给自己,受到自己话语的刺激从而继续下面的发言。

通过语言,头脑中的思绪得以整理并形成体系,这也是优点之一。

既然有缘成为一家人,在同一个屋檐下生活,就在家里多多对话交流吧。

第 2 章
如何培养出不怕挫折、内心强大的孩子

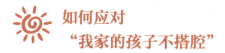
如何应对
"我家的孩子不搭腔"

无论父母多么想与孩子对话,如果孩子不回应、不搭腔,就无法互相交流。

特别是青春期的男孩子,父母靠近一点就会感到厌烦,面对孩子的这种姿态,父母有时真的无从下手。

这种时候父母可以以孩子感兴趣的事物为话题,例如足球、艺人、游戏、动画片等,效果会比较显著。

一位高中男孩的妈妈曾对我说:"以前我一跟他说话,他就会说'好烦啊',然后进入房间关上门。但是,如果我说'把你现在在看的漫画也给妈妈看一下吧',就能慢慢地打开话匣子,他会说那个漫画好在哪里,我也对孩子说几句对那个漫画的感想……现在儿子从学校回来一定会跟我一起讨论漫画,和以前的儿子简直不是一个人。"

父母往往只听自己感兴趣的,听自己想听的。但是请试

 培养孩子抗压力的方法

想一下,如果别人像审犯人一样只顾自己想问的一个劲儿地质问你,你会做何感想呢?所以"今天在学校学习了什么呢""朋友是什么样的人呢",听到这些问题孩子也不会想开口回答。

如果想和孩子交流,就要先打开对方的心。最好的办法是感知孩子感兴趣的事,接触孩子重视的领域,从中一定能找到打开对话的开关。

对话时,不是以自己的标准尺度去谈话,而是站在对方的角度去交流。这也是我自己深刻反省的地方,父母应该认真地倾听孩子想说的话,根据孩子的步调来询问自己想听的内容。

等待30秒,引导孩子谈话

阅历丰富的父母和社会经验尚浅的孩子,在思考速度、语言转换能力方面都不同。

如果问孩子问题一直得不到回答,父母便立即替换成别

第 2 章
如何培养出不怕挫折、内心强大的孩子

的问题接着提问,或者随意地得出"这孩子是这样想的啊"的结论,是无法培养孩子独立思考能力的。

想引导孩子说出心里话,就要给孩子留出思考的时间。在孩子没有立即回答提问时,父母请至少等待 30 秒。

30 秒是很短的一瞬,但把这个时间用在"等待"上,却意外地长。孩子可以在 30 秒中用自己的头脑思考,把思考出来的观点转换成语言。

父母对于孩子用 30 秒思考出的回答一定要呈现出认可的态度。即便内容有点荒唐、离题,也要接受他的想法。

孩子会因此觉得"自己思考出来的意见很重要"。有这种想法之后,接下来无论他在哪里都能主动思考并表达出来。

在美国学校的课堂上,同学们会积极地发言,甚至让人觉得他们还没有思考就说出了意见。这恐怕是因为他们从小到大的生活环境中,表达意见一直能够得到他人的尊重。

"What do you think(你是怎样想的呢)?"美国的妈妈、老师会像口头禅一样问孩子的想法。常常被问"自己怎么想",久而久之,孩子就习以为常地用自己的头脑思考,并且把内心的想法转换成语言。

孩子发表的意见也要被父母认真对待。被寻求意见、发言、被他人接受,孩子在这种环境下长大,久而久之就培养

了自信,觉得自己的意见很重要,也因此能够用自己的语言堂堂正正地表达出自己的想法。

"请说出自己的意见""请大胆地发言",对孩子说这些话之前,父母首先要给孩子思考的时间。无论是什么样的意见,请接受一次。父母具备这样的姿态才能培养出独立思考、积极发言的孩子。

对话示例1:
我会一直望着你

不言而喻,孩子对父母来说是无可替代的存在。但是,过于理所当然的话,就不会亲口对孩子说出"你对我来说很重要""天生我材必有用"之类的话语。

有的人认为,双方都清楚明白的事情就没必要特意说出来。但是请试想一下,假如你去理发店理发,家人却没有一个人注意到你换了发型,多多少少都会感到失落吧?在餐桌上装饰了鲜花,但家人连看都不看一眼,肯定会有点失望吧?

第 2 章
如何培养出不怕挫折、内心强大的孩子

反过来,"你剪头发了呀,很漂亮""花很香",听见这样的回应,心情就会变好,也会为了家人更积极地改变。

人,在与他人的相处中生存。如果周围没有人认可自己的存在,即便身处人群中,也会感到孤独寂寞。相反,如果得到周围人的肯定,就会变得有活力、积极向前。

如果没有一个人在意自己,连大人都会觉得"反正不会有人注意到我",更何况孩子呢?

看见孩子满头大汗地回到家,说上一句"流了好多汗呢";孩子比平常吃得多,惊叹一句"这次肚子饿了呢";头发梳得美美的,夸赞一句"头发编得真好看"……希望父母可以像这样对孩子说出自己的所见所想。这些话语都会化为"我一直都在关注着你""我很爱你"的浓浓爱意。

"有人守护我""有人关心我",这会成为孩子很大的心灵支柱。正因为有心灵支柱的支撑,孩子才能努力向前迈进。

虽然每天都与孩子见面,但不要就此认为"我不说,他也明白我爱着他"。希望父母可以在日常生活中养成把爱说出来的习惯,把对孩子的在意当时就说出口。

对话示例2：
你将来想做什么

不论孩子还是大人，在憧憬未来的时候最具活力。找到自己应走的道路，确认自己应当前进的方向时，身体深处会不断地涌出力量。

"将来你想做什么"，当被问及这个问题时，孩子也会忘记眼前的烦恼，遥想未来成为大人的自己，从而恢复活力。

孩子期待长大成人。

所以，即便孩子说出了离奇古怪的梦想，也绝不要添加"那很勉强""那是不可能的"之类的限制。

孩子在家庭以外的场所也会接触到各种各样的信息。长到一定年龄后，便会自觉地认识到自己的梦想能否实现。父母如果对孩子特别期待的事说不行，孩子的心里可能会埋怨，"都怪那时候他们反对我"。

希望父母能够温柔地接受孩子认真思考后说出的梦想。

第 2 章
如何培养出不怕挫折、内心强大的孩子

孩子想象未来的自己，期待着长大成人，每天的生活也会因此而改变。美好的未来与现在息息相关，为了将来的自己，我们会变得更加珍视现在。

不过，如果只是单纯地问孩子将来想做什么，孩子无法把"未来"与"现在"联系起来。为了让孩子意识到这一点，我们有必要使用"上堆下切法"。

"下切"就是细分化。就以"想成为研究者"的大女儿为例来说明吧。

把"想成为研究者"细分化，"如果要成为研究者，都要学习什么呢"，接着说"进入医学系能成为学者，进入工学系也可以""医学系要学习这些，工学系要学习那些"，为她提供相关信息，在此基础上倾听她本人的想法。再进一步细分，询问她"为了考上这所大学的这个专业，你要怎么做呢"。如果女儿回答"在下一次期中考试中努力"，我会接着问"那么为了实现这个目标，你要做什么呢"，女儿回答"每天学习1小时的英语"，就像这样把梦想落实到日常生活的实际行动中。

树立目标，把目标细分化，落实到可以立即行动的计划中，如此一来，就能够确认现在应该做什么，并采取相应的行动。

反过来"上堆"，总结小细节并扩大成伟大的梦想也不失为一种有效方法。光靠"期中考试努力"这个小目标不足以

调动起积极性,所以要把小目标放大,"努力后会得到什么呢""会说英语后还可以到外国家庭寄宿"。

漫无目的的努力无法长久持续,但如果有迈向未来的具体目标,意愿就会倍增,干劲儿喷涌而出。

父母可以把"上堆下切法"融入对话中,调动起孩子的积极性,提升他的自我肯定感。

孩子要畅想自己的未来,还需具备一定程度的职业知识、社会经验。父母无须特意花时间去教他们,孩子从日常对话中就能获得一些信息。

父母往往会觉得,"孩子只知道这么一些"。虽然不明白,但孩子会吸收、记住这些信息。所以,希望父母在日常餐桌上,不要在意孩子的年龄,就像成人交流一般与孩子积极地对话吧。

开动脑筋,让孩子爱上看书

读书可以让人接触到更加丰富的世界,吸收到更多的信息。

人通过读书可以遇见新朋友。在家中便能与全世界的人

第 2 章
如何培养出不怕挫折、内心强大的孩子

相联系,甚至与过去的人相联系。视野变得开阔,思维变得活跃,对自己的未来也能够设想得更加明确。

而且,读书不仅能获取知识,也能培养调查、思考、学习的能力。无论孩子还是大人,书籍都是优秀的朋友、老师。

我的女儿们从小就喜欢读书,读书的习惯也有助于她们内心变得强大。

我们家有睡前故事时间,在孩子睡觉前读故事、听故事。书基本上是由我来读,女儿们开始识字后,有时也会主动提出"今天我来读"。她们在识字之前甚至会靠想象来编故事,开心地说"我来讲"。

外出时,书包里一定会放几本小尺寸的书。姐妹俩要一起回家,所以当其中一个在上特长班时,另一个就得等待。而她们在等待的时候就会看书。

读书最重要的是身边随时有书。我充分利用了童书出版社提供的每月送书服务,因为自己想去买时总会因各种原因而去不成,就算去了书店,选择也会有偏好。所以即便书店送来了与自己喜好不同的书,但如果专家认为这是好书,我们也会认真去看。

不知道让孩子读什么书好时,推荐"某某文库""某某全集"系列书籍。虽然具体情况也根据孩子的性格而异,但我的女儿们在享受读书的同时,还会有"某个系列读了多少本"

的成就感。

而且当她们帮了我许多忙，或者努力学习特长时，作为褒奖我会给她们买书，让她们自己来选择类别，"可以买你们喜欢的书哦"。

我们还会手工制作"读书卡"，读完一本就贴上标签，标签积满后，我就会给女儿们买她们想要的东西。小学时，两个孩子一直想养小仓鼠，我也把它当作读书卡奖励送给了她们。

有的父母不让孩子看漫画，但因为我们曾在美国生活过一段时间，当时我想让两个孩子接触到日语，哪怕一点也好，所以主动让她们看漫画。

书是传播知识、开阔视野的好工具。不只孩子，作为父母的我们也应该积极地读书。

不要做过于约束孩子的父母

书是拓展孩子世界观的有益工具。但是，俗话说得好，"百闻不如一见"，哪怕读了几十册、几百册的书，给内心带来巨大冲击并影响深远的还是亲身体验。

这只是我的个人见解,但我觉得大女儿之所以说想当研究人员,就是因为受到了某个经历的影响。

住在美国时,女儿们曾目睹了一场给猫咪做的手术。

那还是大女儿刚上小学的时候,我们去动物医院给养的猫咪做阉割手术,医生对女儿们邀请道:"要不要看看手术呢?"

在日本这种事恐怕不可能出现,也不会有医生让观看手术。大多数父母都不会让幼小的孩子看血腥的手术场面。

老实说,我一开始也吃了一惊。但是两个女儿都很感兴趣,双眼闪闪发光地对医生的邀请回答道:"Yes!"最后我决定同意她们观看。

两个女儿戴上口罩进了手术室。我不知道医生给她们展示了手术的哪部分过程。不过,她们的确亲眼看见了喜爱的小猫由医生实施手术的样子。

这种手术既是为了保护动物的生命,也是为了保护环境,女儿们观看完手术之后露出了很有感触的样子。在那之后不久,她们就激动地对我说:"我想给小动物当医生。"

后来我问上初中的大女儿:"你将来想成为什么样的人?"她没有立刻回答。我又换了问题接着问:"长大以后,你觉得你会在什么样的地方？周围有着什么样的人？在什么地方做什么样的事情会让你感到快乐呢？"

她回答说："穿着白大褂。"接着她又从白大褂联想到"做研究的人""研究人员"。

我想，最初她脑子里浮现出的"白大褂"，或许就是给猫咪做手术时宠物医院的兽医穿着的白大褂。她对那位兽医充满了谢意和尊敬，那次经历在她的内心深处留下了深深的烙印，所以才会想象着自己也身穿白大褂在做着一些研究。

留存在人的记忆深处的往往都是本人亲身经历过的事情，或者和他人交流过后培养起来的思维。

随着阅历的增多、思维方式的改变，自己的内心也就有了更多的想法。人在遇到一些事时，会依赖自己身上培养出的东西来做出判断。也就是说，想法越多，依据材料就越多，对自己做出的判断也就越有自信。

日本的父母对孩子添加了许多限制，过于溺爱孩子，"小孩子做不到""小孩子可以不用做"。就因为"还只是孩子"而忽略他们"想做"的心情，很可能会压制孩子的潜能。

虽然没有必要勉强孩子做他们讨厌的事，但既然给孩子创造了他们感兴趣的环境，就应当积极地让他们去体验。

阅历的增多也会使孩子内心的想法变得更加丰富。父母应当尽量给孩子提供各种各样的机会。

夸奖的同时不可忘记的事情

所有人都喜欢被别人夸赞。夸赞会提升人的自我肯定感，让人感到"自己挺不错的"，从而想要更加努力。

如果看着孩子觉得"真棒""好厉害"，那么无论多么小的事，都请把想法、看法转换成语言说出来，直接夸赞他。

"好事连连"，被夸赞的这份喜悦会成为其他事的助力。希望父母可以在各方面都夸赞孩子，生活态度、学习、朋友往来等都可以评价。

不过，夸赞的时候有一点需要注意：不要只评价结果。

比如考试。答卷上的分数一目了然，所以父母往往只看孩子考了多少分，也就是用结果来评价孩子的努力。

如果得了 100 分，父母毫无疑问地会说："真棒，有好好学习呢！"而 60 分、70 分又会怎样呢？即便不批评、鼓励地说"下次要更加努力",也不会违心地说"真棒"吧。

但是,如果孩子为了这场考试,从几天前开始早上6点就起床学习呢?我们难道不应该为他努力学习的行为大大地称赞吗?

从开始到结尾总会有一个过程。结果好固然重要,即便结果不好,如果过程中有值得称赞的地方,请一定对那部分明确地给予肯定。

父母往往只凭结果来判定孩子。而父母的父母,即姥爷、姥姥、爷爷、奶奶却会把目光投向孩子的整个过程。

孩子都喜欢祖父母一辈儿的人。喜欢的理由虽然各种各样,但多数孩子是因为会从祖父母的目光中感到安心和放松,基于此产生"喜欢"的情感。

我的女儿们也不例外,她们很喜欢姥姥,我母亲偶尔来家里时女儿们会一直黏着她。

母亲一看到我女儿,就会说,"一段时间不见,就会做这么多事了呀!""上次来时还不会做,这次就做得这么好了啊,姥姥感到很惊奇呢!"

也就是说,母亲会针对孩子们的变化、成长过程来夸赞她们,而这些是每天和女儿们待在一起的我难以注意到的地方。"为什么不会做",比起只揪着结果批评她们的我,母亲会把目光投向过程来夸赞女儿们的变化，所以女儿们能够无拘无束地向姥姥撒娇。

父母每天都与孩子生活在一起，很难注意到孩子细微的变化，看看孩子小时候的照片，就能切身感受到孩子成长了多少、会做了多少事情。偶尔翻开老相册，追寻一下孩子的成长轨迹吧。

也请不要忘记，日常生活中哪怕很小的一件事也是有过程的。虽说繁忙，但不要只用结果来评价所有事情，请认真观察过程，看看孩子在到达结果的过程中是怎样面对困难的，从结果和过程两个方面来评价孩子、夸赞他们。

牢记"孩子与自己是不同的、独立的人"

在日本，小孩子一般都与父母一块睡觉。虽然现在背孩子的情况已经不太常见，但在以前，当妈妈的都是把孩子背在背上，不论做什么，不论去哪里，都和孩子一起行动，孩子就在妈妈的背上学习各种事情。即便背孩子的风俗已经淡

培养孩子抗压力的方法

化，但妈妈和孩子的关系还是和以前一样紧密。

而在美国，孩子从小就自己使用一个房间，不和父母共用卧室。对于很小的孩子，美国妈妈也会把他们当作大人来对待，用成人的口吻与孩子进行交流。

我们去美国生活的时候，大女儿还没上小学，看到周围的妈妈们与孩子的相处方式，还惊奇道日本和美国在育儿方面竟然如此不同。

孩子和自己是不同的人，这是欧美人的育儿观点，而日本人却习惯把孩子与自己同化。

在日本，无论白天还是黑夜，妈妈和孩子在一起相处的时间过长，所以妈妈很容易就把孩子当作自己的分身。然后妈妈"想要给孩子更好的生活"，把自己没能实现的梦想寄托到孩子身上。或许这个梦想在妈妈看来很好，却不会想到孩子背负着父母的梦想会喘不过气。

孩子也是一个独立的人，虽说是自己生养的，但也有着作为一个人拥有不同于父母人生的权利。

虽然我不认为美国文化要照单全收，但作为父母，应当自觉地认识到日本的社会环境容易使母子同化，应当有意识客观地对待孩子。

可以客观地对待孩子之后，之前认为"不行""为什么做不到"之类的事情就全都变得很微不足道了。或者坦然地接受,自我劝慰道,"做得还行""总会有办法的"。

当妈妈不再以严苛的批判性视角来看孩子时,孩子便大大地得到解放,心情也变得放松了。这也有益于亲子关系的发展。

许多妈妈反馈说,能够客观看待孩子之后,"孩子比之前爱撒娇了""话比以前多了"。

非语言沟通的重要性:认真听孩子讲话也很重要

沟通分语言和非语言两种方式。语言沟通是使用对话、文字等形式来交流,而非语言沟通是通过面部表情、语气、眼神、身体姿势、手势等方式进行沟通。

我们常说"眼睛没有笑意""想法写在脸上",孩子比大人更为敏感,所以比起语言沟通,孩子常常更在意非语言沟通。

女儿们也经常说"妈妈虽然嘴上说没关系,但心里不是这么想的""虽然您夸我做得好，但实际上很失望吧"。

即使父母用语言去修缮，孩子也会通过表情、语气洞察父母的内心。相反，即便父母不善于表达，孩子也会透过父母温柔的笑容、温和的目光来感受父母的想法。

语言的确会大大地改变孩子，但孩子感受到的不只是语言，映在眼里的、切身感受到的东西也会传达到孩子的内心。所以除了语言沟通，父母也需要重视非语言沟通。

父母掌握主导权推进会话的场面占多数，但单方面沟通无法成立，所以父母不要光顾着自己诉说，时常倾听孩子诉说也很必要。

每个人都希望别人能听自己说话，所以请认真倾听孩子自发说出口的话，哪怕毫无价值，也请认真对待。

孩子通过表达内心的想法来总结思路，通过别人的倾听来确认自己。如果别人认真理解孩子的话语，孩子会感知到别人认可了自己的存在，从而得到满足。

有好几次女儿们说："多亏那个时候有妈妈在认真听，我才能顺利地说出来，谢谢妈妈。"而我都快忘了是什么事了。虽然不会立刻见效，但"有父母在认真听我讲话"的认知会在之后以另一种形式影响孩子。

第 2 章
如何培养出不怕挫折、内心强大的孩子

 **活动双手的效果**

很小的孩子会不厌其烦地捡起身边的小石子、树叶，单纯地重复着扔掉、捡起来的动作。我的大女儿在很小的时候，只要我一带她去公园，她就一个人默默地玩石子。

当时我觉得石子游戏很无聊，想着"和别的孩子一块玩多好"，或者"回家玩拼图等益智玩具不是更好吗"。

现在回过头看，那时的她虽然幼小，但通过玩石子游戏也感知到了很多事物，思考了许多。

第一，有效利用身边的事物去玩耍，而不是玩买来的玩具，这是孩子独有的创想。把石子当玩具也是孩子做出的选择。

第二，石子和现成的玩具不同，世界上没有形状大小完全相同的石子。用小手紧握住这些形色不一的小石子，确认它们的形状，"不是那样，不是这样"，活动双手研究出独创的游戏。

额前区被誉为大脑的司令部，它通过我们读写、计算、沟通、活动手指来达到发展。女儿通过握石子来活动手指，大脑里也一圈圈地运转，额前区也因此得到了锻炼。

为了孩子有美好的未来，有的父母从小就买许多益智玩具，甚至连玩法都一步步指导。但最好让孩子自己玩耍。即便不是益智玩具，孩子也能从中学到许多。

不必教他们玩法，孩子爱怎么玩就怎么玩。

孩子在活动双手时，请在一旁默默地守护他，不要打扰他，就当他在反复试验，这么一来，孩子会慢慢变得强大。

让孩子听到别人的"谢谢"

一句"谢谢"让说者与听者的心情都会变好，是很暖心的话语。

怀着感恩之心，发自肺腑地说一声"谢谢"，这对与他人共生的我们来说很重要。

第 2 章
如何培养出不怕挫折、内心强大的孩子

小孩子很多事情都需要别人帮忙做,所以父母很在意孩子能否认真地跟别人说出"谢谢"。不过随着孩子的成长,在孩子能够依靠自己做到之后,我们不仅希望他能说出"谢谢",还希望他能得到别人说的"谢谢"。

当别人对自己说"谢谢"时,说明自己帮到了别人。帮到他人、感到高兴是人的本能。帮助到别人和得到夸赞一样,也可以提升自我肯定感。

女儿们在美国的时候参加了女童子军。那里会定期举行一项活动,就是向附近的人销售被称为"女童子军曲奇"的饼干,并捐赠获得的收入。

孩子们去卖曲奇时,大人在购买之后会说:"很好吃,谢谢。"女儿们也是通过大人们说的"谢谢",意识到了"哪怕自己的力量很薄弱,对他人也是有用的"。

卖曲奇得到的收入也以捐赠的形式帮助到了其他人,这对她们来说也是很大的喜悦。

"帮助别人"不仅能提升自信,也与未来奉献社会的梦想产生了联系。

既然每次说的"谢谢"都能提高孩子的自信心,就请家长在家里积极地邀请孩子帮帮小忙,创造出可以说"谢谢"的环境吧。

孩子在电车上给人让座，或者捡到了他人掉落的物品等，当孩子得到他人说的"谢谢"时，请认真地表扬他。

日本人很含蓄，不太喜欢在别人面前夸赞自己家的事情，但我希望家长记住，绝不可以用"这不是什么大不了的事"来抹杀孩子的助人行为。虽然不必过分地夸赞，但哪怕是可以忽略掉的小事，也要给予"那个人很开心呢""帮到他了呢"之类的积极评价。

没有比厨房更能体验"学习"的地方了

厨房被称作"主妇之城"，但我认为厨房也是"孩子的学习场所"。

我家的女儿们一戴上围裙，就化身成为"小妈妈"，切蔬菜、揉做曲奇饼干的面团，乐在其中地体验家务。

玩具店里有那种用魔术贴粘起来、被分好的蔬菜玩具，用玩具菜刀一切便能断开，但女儿们并没有就此满足，从3岁

第 2 章
如何培养出不怕挫折、内心强大的孩子

开始,就拿着小刀切黄瓜和西红柿。

烘焙曲奇时也一样,浑身粘的都是面粉,一边玩"黏土"游戏一边制作饼干。女儿们做出的都是厚厚的、烤不熟的面团,但她们乐此不疲。拜她们所赐,我吃了许多半生不熟的曲奇。

也许有人会惊讶,怎么可以让那么小的孩子拿菜刀呢!请记住,我们要做的不是因为危险而不让他们拿,而是只要看着不危险就可以让他们尝试。有的父母嫌费事,或觉得危险而让孩子远离厨房,但请尽量不要"因为他还是孩子""因为他还小"而不让他们做家务。

而且厨房也有许多可以邀请小孩子完成的小事,比如"拿个盘子""拿出汤匙"。对于孩子来说,在厨房可以大量地活动手指,可以听到很多次"谢谢"。

厨房也是"学习场所"。在我家的厨房不仅可以体验真实的主妇家务,随着女儿们的成长,厨房也渐渐变成了学习区。在厨房里放上一张小桌子,孩子们可以在上面吃早饭、吃点心,我在做饭时,她们就在那里做作业。

当她们对我说哪里不明白时,我可以立即给她们指导,女儿们也觉得在这里玩惯了,可以放松地学习。

如何让孩子变得坚决果断

人生就是连续的选择。在孩子还小的时候，父母会代替孩子做出决定，但孩子早晚得学会自己做决定。

面临选择，不是像"妈妈是这么说的，所以我这么做""老师是那么说的，所以我那么做"那样把决定权委托给他人，而是坚定地认为"自己想这么做，自己就这么做"，这就是强大。

自己的事情自己决定，看似理所当然，却意外地难。因为，自己决定的事情就必须自己承担起责任。

即便事情没有按照预想发展，即便失败了，也不能责怪任何人。因为做出决定的人是自己，此后发生的任何事只有自己去承担。

如果是其他人帮忙做的决定，进展不顺利时就会把责

第 2 章
如何培养出不怕挫折、内心强大的孩子

任归咎于那个人。安心地认为,事情的不顺利不是自己导致的。

把决定权交给其他人,是因为不知道如果自己决定的事情出错了该怎么办。也可以说,是因为对自己的决断没有自信。

不过,决定本身不存在对与错。当然,如何选择会影响后续事情的发展。

但是谁也不知道未来会发生什么。并不是说做出了一个选择就一定过那样的人生。我们可以无数次地修正,甚至可以从起点开始重新修正。

人生是自己的。为了让孩子靠双脚走出自己的人生,重要的是教会他自己做决定。自立也是自己能够对所发生的所有事情做出决断。

即便与他人商量得到建议,最终还是得由自己做出决定,承担起自己做出的所有决断,依靠自己的力量把它引向成功。这才是我们的培养目标。

通过本章所说的提升自我肯定感、增强自信心,孩子应该就能构筑出可以自我决定的基台。基台建好后就一点点地积累经验,在挑战各种事物、经历各种事情的过程中,逐渐强化决断力。

除了积累小经验、孜孜不倦地搭建基台，偶尔也要挑战一下极限。负重前行，克服困难，最终实现目标，人会因此迅速成长。

在下一章中，我会具体列举出孩子在日常生活中会感到压力的情景，希望能为父母应该如何有效应对提供一些思路。

Q 我的儿子在上小学四年级。他个性很温柔,但总是畏缩不前,一直融入不到集体中。他也想交朋友,但很害羞,多数都是一个人待着。我该怎么和他沟通呢?该怎么对待他才好呢?请您提供些建议。

●● 江藤老师的建议

我非常理解你的心情。

父母都喜欢看到孩子与朋友一块热热闹闹地玩游戏。但是稍微转换一下思路,畏缩不前真的就是不好的吗?我不这么认为。换一种说法就会发现这不是什么缺点!

"他很温柔,很懂得别人的感受。"

"前行的时候会谨慎地观察周围的环境。"

稍微改变一下看法就会发现孩子的很多优点。

父母还需知道一点,一个人的优点会越来越突出。

人的意识放在别人关注的部分上,那部分就会越来越明显。

如果有人说自己学习好的话,自己也会乐于学习。

如果有人说自己很有活力的话,自己也会越来越健康。

同样地,如果你觉得孩子畏缩不前,你的意识就会一直纠结在这一点上。

孩子也许在选择性格相合的朋友方面很慎重。

当你的儿子遇见了脾气相投的朋友时,这种怯场害羞的状态就会突然改变。

请温和地守护他成长。

母子之间来轻松地谈一谈未来的梦想如何呢?

相信妈妈的想法会因此变得积极向前。

第3章

如何培养出不惧考试、内心强大的孩子

成绩下滑时如何安慰

对孩子来说，学习在生活中占有很大比重。无论是孩子，还是父母，都会很关心学习成绩。

通过考试分数、通知书的评价分数，我们可以明确地知道孩子在学校的成绩。孩子也能通过这些数字知道自己的成绩和自己在学习上的表现。

自己被别人单纯地用数字来评价，这对于大人来说也绝不是一件愉快的事。即便是不爱学习的孩子，获得高分的话也会开心，考到低分也会失落。

或许听起来有些夸张，但孩子在学校享受学习乐趣的同时，也会对成绩感到压力。不仅在学校，在补习班也同样如此。

第 3 章
如何培养出不惧考试、内心强大的孩子

孩子在学校、补习班拿到答卷时,就知道了自己的分数,对自己的成绩有着一些心理感受。因为要把那份答卷带回家给父母看。

成绩好的话,可以骄傲地拿给父母看;而分数不理想时,把答卷拿给父母看本身就是一大压力。

但父母一般不会留意孩子的心理感受,会直接向孩子说出自己对分数的感想。"考得真棒""学得很努力",鼓励夸赞自然是没什么问题,但反过来,批评责问的话语很可能就会伤到孩子的自尊心。

成绩不理想时,父母经常说的是"为什么只考了这么点分"。正因为对孩子寄予很大的期望,当希望孩子取得的分数和孩子实际取得的分数之间有差距时,就会诘问"为什么"。

但孩子也回答不出"为什么",因为他们也不是故意考低分的。

作为父母,固然有很多话想说,但对已经过去的事情质问"为什么",是解决不了任何问题的。

但我们对低分也无法违心地说出"很努力"等夸赞的话,孩子自己也很清楚成绩差,遮掩的话语反而会伤害到孩子的

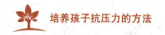

自尊心。

那应该如何做呢？

首先接受现实，与孩子产生共鸣，觉得"很可惜"。如果孩子为那场考试努力学习了，就要称赞他的付出，"你付出了很大努力""复习过的地方这次没考，真可惜"，必须给孩子一定的慰藉。

与孩子产生共鸣后，再把答卷细分化并重新评析。不要整体性地总结，而是针对可以评价"这里做得很好"的部分集中夸赞。

之后再促使他反省。

总之，父母不要抢先数落，"接下来这么做比较好"等指向性的建议是传达不到孩子内心的。

我希望父母可以和孩子站在同一水平线上，"试着想想这次为什么会出现这样的结果""这里做得很好，但这里却没有做出来，来想一想为什么会出现这样的差别呢"，和孩子一起审视未来，一起思考。

在父母的指示下行动，和孩子用自己的头脑思考并自行决定相比，投入的动力是大不相同的。而且对于孩子来说，养成"自己思考、自己决定"的习惯也很重要。

第 3 章
如何培养出不惧考试、内心强大的孩子

**如何鼓励
提不起干劲的孩子**

考试成绩不理想、自己的努力没有得到回报时,孩子会感到受挫、失去干劲。虽然有时会像身体疲惫一样,睡一晚上第二天便能恢复精力,但有时也会一直提不起干劲。

干劲是人做各种活动的能量来源。有干劲,再难的事情也能勇敢地面对;失去干劲,则会松懈犯错,继而陷入恶性循环。

谁都会有失去干劲的时候,看着孩子失去干劲、没有成长的推动力、意志消沉,父母会非常心酸难受,想尽办法想要恢复他的干劲,但究竟有哪些方法呢?

夸赞优点可以增加他的自信,或者设定目标,让他向着目标努力。但是有时候,对于努力没有得到回报、感到自己做的事没有意义的孩子来说,夸奖、眼前的目标也无法让他振作起来。

没有干劲是因为只专注于过去和现在。对于失去干劲的孩子来说最有效的方法就是谈论未来。畅想未来对每个人来说都是很快乐的，特别是对孩子来说，未来是自己曾经历过的时间的几千倍几万倍，辽阔的就像湛蓝的大海一样。如果把目光投向未来的深度和广度，干劲的火种就会熊熊地燃烧起来。

"你所拥有的能力在未来要如何运用呢""你的能力将来会以什么样的形式帮助社会呢"，特别是和孩子谈论未来和他本人能力相结合的话题时，效果立现。无论是谁，都会对自己未知的能力感兴趣，刺激那部分的话，意志消沉的孩子脸上也会重新展露出明亮和快乐。

使用第 2 章说过的 "上堆下切法"，"将来成为 ×× 后，你要怎样学习呢""为了考入 ×× 大学 ×× 系你要怎么努力呢"，使他意识到未来和现在是相连的，这也是一种有效的鼓舞方法。

人类有着无限的潜能。即便现在能力有所欠缺，尚为花苞状态，但只要调整环境、精心养护，就有可能在未来开出鲜艳的花朵。把这些信息传达到孩子的内心，他一定能恢复干劲！

第 3 章
如何培养出不惧考试、内心强大的孩子

☀ 如何回应孩子的"办不到"

挑战的道路上必定会出现阻挡我们前进的障碍物。如果新的障碍物比以往自己跨越过的稍微高一些,我们可能会毫不犹豫地向前冲。如果高度远远超出自己所知的范围,可能我们就会退缩,"这对我来说太勉强了""我做不到"。

例如,孩子常常要参加的考试。如果是学校举办的定期测验,考试范围是既定的,稍微努力一下,应该就能取得比之前好一点的分数。而一旦考试范围没有明确划定,不知道会出什么考点时,备考复习的难度会一下子上升。

"加油",一开始斗志满满的孩子也会被障碍物的高度压倒,或者畏难于过长的为了跨越障碍物而奔跑的助跑距离,在中途泄气地说出"太勉强了"。

听到孩子说"勉强",父母往往会大声地激励,"不要说泄气话""你认为勉强的话就什么也开始不了"。但是,利用

培养孩子抗压力的方法

单纯的口号激励孩子是无法轻易改善孩子的"勉强"心理的。

觉得"勉强""做不到",是因为自己明明知道必须做些什么,却不知道应该从哪里着手,对于应该做的事情很模糊,无法落到实处。

如果孩子觉得"勉强",首先要倾听他觉得勉强的原因。如果是因为"不知道该做什么好"而觉得"勉强",父母就要和孩子一起具体地思考应当做什么,并把它写出来,这是一个很有效的方法。

然后,审视写出来的条目,把它们归类分为"可以做到的"和"做不到的"。在认为勉强的事物中,找到自己"可以做到的",勉强、为难的心情就会有所缓解。

如果知道哪些事情该做,但还是觉得"勉强",那是因为我们把应做事项看成了一个大的整体,被整体压倒了。

把整体细分之后就会明白,这就是自己力所能及的事情的聚集体。先从会做的开始,一个个地完成,化整为零。曾经巨大的块头渐渐变小,"勉强"的情绪就会随之消失。

当应做事项堆积如山时,我也会感到"很忙"。不过,一直说"忙啊,忙啊",只会令自己更加焦虑,事情不会按照预想的方向进展。

感到"忙"时,我就把现在必须做的事全部写出来,即制作出待办事项表。把大脑里思考的东西写到纸面上,该做

第 3 章
如何培养出不惧考试、内心强大的孩子

的事就会变得具体，从哪件事情开始做会更有效率，也能一目了然。知道应当前进的方向后，只需要按照顺序一个个地完成即可。如此一来，感到"忙""烦躁"的心情会瞬间明朗，转而积极投入到"好的，干起来吧"的行动中。

没有基本学习能力，一切都是空谈

就像第 1 章说过的，"名校毕业便能获得幸福"的时代已经过去了，但是这并不意味着学习是不必要的。

孩子在学校通过学习各个学科掌握基本的学习能力，基本学习能力是人在社会上生活的必要条件。

建筑物都有地基，地基被埋于地下，从表面看不见。但地基是否牢固坚实，决定着上面建筑物的大小、高度、抗震性等。

学习能力和建筑物可以说是一样的。基础学习能力扎实的话，我们可以在上面堆积各种知识。而且，我们在思考、积累知识时，使用的也是作为地基的基本学习能力。

也有人认为，只专业学习自己想做的事即可。但为了把

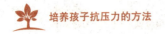 培养孩子抗压力的方法

一件事专业地学深、学广,也需要我们学习各种学科,巩固基本学习能力。

而且学习也与培养好奇心息息相关。学习新事物的愉悦感、理解了之前不明白的知识而获得的喜悦感,都与以后的人生密切相关。

"不明白为了什么而学""学习好无聊",孩子把这些话挂在嘴边时,父母要认真地告诉他基本学习能力的意义和重要性。然后让他明白,自己不是为了让父母高兴而学习,而是为了未来的自己而学习。

庆幸的是,日本强制性地确保了孩子的学习时间,能够学习是孩子的特权。孩子应该感恩自己能够拥有学习时间,同时也应该有效地利用这有限的时间。

使人丧失干劲的忌语

正如父母爱孩子一样,孩子也重视自己的父母。正是因为尊重父母,所以常常像抱有使命感一样,想要回应父母的

第 3 章
如何培养出不惧考试、内心强大的孩子

期待,不想令父母失望。

努力学习、练习技艺也是如此,不仅是出于自己的意愿,很大程度上也是想要回应父母的期待,令父母开心。

与孩子的想法相反,父母有时会平淡地说出浇灭孩子热情、令他丧失干劲的话语。孩子们也曾多次指责我说出了那样的话语,表现出了那样的态度。

当然,作为母亲,我丝毫没有让女儿们丧失干劲的意图,我不清楚哪些言语伤害到了她们。不过我记得很清楚,女儿们说过"妈妈在对比我和别人""妈妈轻视了我""我辜负了妈妈的期待"等话语。

孩子的独占欲很强,所以当别人说到他的朋友、兄弟姐妹并且给予好评时,就会误以为他人在拿自己和朋友、兄弟姐妹进行对比,觉得自己被瞧不起了。

"因为从以前开始就……所以……"等片面断定的话语似乎也伤害到了女儿们。我原本只是打算就某个事情指责的,但在被批评的当事人看来,这就是全面否定了她们的存在,进而认为"父母在轻视自己"。

"为什么当时没能做好""为什么之前不会做",不要向孩子追问他也答不出来的问题。"为什么"渗透出了父母的过度期待。

孩子会因辜负了父母的期待而自责，甚至认为辜负了父母期待的自己没有任何存在的价值。

孩子对父母的言行态度要比我们想象中更加敏感。特别是与他人相比较的话语、否定人格的话语、令人感受到过度期待的话语，这些都重重地压在孩子的心头，最终让他们丧失干劲。

不要忘记语言有时会成为尖锐的武器。

不过父母也是人，不是神。所以，伤害到孩子的话一句也不说是不可能的。假如说了10次伤害孩子的话，就请给他50次鼓励的话，前后不矛盾即可。

如何应对孩子说"不想上补习班"

一定程度上，孩子自己可以考虑并决定是否参加中考、高考以及择校问题。但在小升初时，孩子还年幼，父母的引导是必不可少的。

父母对上小学的孩子的关注度是80%。即便孩子自己想

第 3 章
如何培养出不惧考试、内心强大的孩子

参加小升初考试,但是,是否上补习班,哪种形式的补习班更好等判断性的选择,对于小学生来说还是无法做到的。

对于小升初,无论是确定志愿学校还是选择补习班,拥有更多相关信息的父母掌握着主导权,可以给孩子提供多种选择并听取孩子的意见,确认他的想法后,再决定去哪里。

不过,志愿学校可以在多个中进行选择,而补习班最好不要。可以的话尽量在一个补习班站稳脚跟,和老师构筑好信任关系。但是,即便一定程度上这是孩子自己做出的决定,却还是有可能说出"不想去补习班"的话。

如果父母也不忍心逼迫孩子去"不想去"的地方,囫囵吞枣地接受孩子"不想去"的说法,"那就不去了""那就去别的补习班吧"的话结果又会变成什么样呢?父母也很烦恼。

父母掌握主导权

我也曾经为女儿们上补习班有着各种迷茫。在这里列举出来并不是让大家效仿,而是希望父母能从失败的经历中吸取一些经验教训,正所谓"失败乃成功之母"。

离开美国回到日本后,女儿们就开始上补习班。当时,大女儿读小学六年级,小女儿读小学四年级。大女儿小升初考试迫在眉睫,去补习班上半年即可,时间也短,所以没有

培养孩子抗压力的方法

闲工夫说"不想去"。

但小女儿要上两年半补习班,理所当然地,有时候就会说"不想去"。

在补习班成绩下滑、害怕老师,或者与朋友相处得不融洽,每一个理由都很不起眼,但大大小小地凝聚到一起就导致她说出了"不想去"。

听到女儿这么说,我想了许多。成绩升不上去是不是换到别的补习班就变好了;如果害怕老师的话也学不到东西;换个补习班,确实也可能改善朋友关系……我思前想后,最终索性决定给她换补习班。

但是换了补习班还没几个月,女儿又说"不想去"。也许是她讨厌多人补习的形式,我就把她转到了小班,她还是说不想去,我还尝试了一对一补习。

我是听取了女儿的要求,寻找适合女儿的补习班,才不停地换。结果,一直没能遇见她打心底里想去的补习班。

即使补习班这个"器皿"变了,但女儿自身没有变化的话,换班就没有任何意义。这半年游转了多家补习班后,我说服女儿,决定让她又回到原来的补习班。

虽然女儿吵吵闹闹地不愿意,但原本小孩子脾气就反复无常。得到老师夸赞、交到了新朋友,一点小事就能让女儿

和孩子一起成长

引领优质阅读　创造美好生活

机械工业出版社

加小编微信
获取更多图书福利

振作起来，一直到小升初考试结束，她都一直上那个补习班。

父母以孩子的意愿为优先，反复换补习班的事情很常见。作为体验者之一，我的感受就是不要被孩子的话牵着鼻子转。

即便孩子还只是小学生，但为了达成自己决定好的目标，也需要咬牙忍受，努力去完成。

人都趋于轻松享乐，所以当孩子说"不想去"时，父母要认真分辨出孩子处于什么样的状况中。有时刻意给孩子制造锻炼机会也是父母重要的职责之一。

和补习班的老师多多沟通

世界上有各种各样的学习补习班，各有各的指导方针，不同的补习班形式风格、特色也不同。所以多多少少都会有"我的孩子不适合这个班""这里不合适"的相适性。但是，适合不适合孩子，最终要看的还是直接教导他的老师。

孩子如果喜欢老师，补习班就会变成快乐的地方；讨厌老师，补习班就会变得不快乐。

补习班的老师正好处于学校老师和父母之间。例如，如果老师是做兼职的大学生，他就会成为离孩子最近的模范，孩子学习以外的事情也会大大受到他的影响。

在看补习班的指导形式之前，我们往往会先看老师是否合适。即便是同一家补习班，从离得最近的教室换成稍微远点的教室时，孩子就会快乐地去上课，这种事情我也听说过。

并不是说进入补习班后就把孩子全权交付给补习班老师，没父母什么事了，父母还要了解教导孩子的老师是什么样的。

我很在意孩子在补习班与什么样的老师相接触，所以，我会自己创造与老师见面的机会。知道对方是什么样的老师后，当孩子说不满时我不再疑惑，成绩有变动时也不再那么不安。

即将参加小升初考试之前会发生很多意料之外的事。那时，不只是孩子，父母也要与补习班的老师相互沟通，构筑信任关系，在此基础上认真地合力引导孩子完成最终目标，没有比这更值得依靠的了。

虽然每个人的性格有所差异，但是孩子对补习班感到不满，说"这个不行""那个不行"的最多就到五年级。一旦升到六年级，学习氛围一下子紧张起来，周围的模式也会转变，孩子的意识也会变化。

可以的话，尽量在孩子升到六年级之前，和补习班或者老师认真地构筑并巩固好相互之间的信任关系。

第 3 章
如何培养出不惧考试、内心强大的孩子

女儿因老师的一句话而喜欢上补习班

大女儿虽然没有在中途说"不想去"补习班,但并不是说她上补习班就一点问题也没有。大女儿爱学习,但在刚开始上补习班的时候,似乎对学习失去了自信。

那时我们刚从美国回来,可能她还不习惯用日语进行沟通交流。参加考试后,除了算数,其他学科都没有取得理想的分数,特别是物理和社会两个学科的成绩很不理想,所以大女儿由此产生了抵触情绪,觉得自己完全不擅长这两个科目。

然后补习班的老师有一次对大女儿说:"江藤同学很擅长弹簧秤的问题呢,擅长弹簧秤的孩子物理都会学得不错。"大女儿听到这句话后很开心,从补习班回来后,把那句话跟我重复了好多次。

因老师的一句话而得到自信的大女儿对物理的抵触情绪一下子消失了,物理变成了拿手科目,甚至在高考时,能够自信地说"物理就算一点儿不复习我也会"。

也许女儿原本就对物理有感觉,但让她注意到这点的人是补习班的老师。

小女儿也曾因为补习班老师的话而重拾自信。那是高考时候发生的事。当时小女儿对学习失去了干劲,她打算停止

去补习班。

在向补习班老师提及时,老师失望地说:"太可惜了。江藤同学很有潜力,照这样继续努力的话,我觉得一定能考上东京大学。"

小女儿是因为补习班模拟测验的结果不理想而自认为学习不好的。但老师却着重于分数无法表现出来的潜在能力,对她进行了夸赞。

因为这一句话,女儿重拾了信心,再次涌起了干劲。如果没有那句话,女儿或许就会停止去补习班,不会备考东京大学。

仅仅一句话就改变了人内心的想法,甚至改变了整个人生。

正因为经常陪伴在孩子身旁、说出各种话语的人是父母,所以要更加牢记"一句话的分量"有多重。

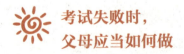
考试失败时,
父母应当如何做

挑战难免有失败,考试同样如此。

对于自己要挑战的中考、高考,孩子会自觉肩负起责任,

第 3 章
如何培养出不惧考试、内心强大的孩子

也能够接受结果,父母只需要静静地守护在一旁鼓励他们。

而小升初时,父母和孩子就像两人三脚一样共同奔向目标,与参加考试的孩子站在同一立场接受结果。

小升初考试失败的孩子虽然瞬间受到打击,但失落消沉的时间最多持续几天。即使考试失败了,也能上公立的中学。成为中学生对孩子来说还是快乐的事,心中充满了对中学生活的期待,失望就被驱散到了一角。

而那些小升初考试失败的孩子的父母,虽然和孩子一样受到了打击,但失落消沉的状态却拖拖拉拉会一直持续。尽管孩子调整好了心情,享受起了初中生活,可是有的父母却会一直发牢骚:"真没想到考上了这么一所学校,但我家的孩子还对这种低水平的学校挺满足,为什么目标就这么低呢?"

我能理解那种心情,但靠着发牢骚、叹气就能转入第一志愿的学校吗?答案显然是否定的。孩子也会因为父母厌恶自己考上的学校而感到愧疚。

没能考上希望的学校的确很遗憾,但为考试而学习的 2 年、3 年不会就此被抹杀,那段时间的学习绝对有它存在的价值。即便成果没有在考试中显现出来,但那段时间能够持续学习本身就会成为孩子的力量,必定让他得到成长。

无论是初中、高中还是大学,学校都只不过是一个站点。

比起去哪个学校，会度过什么样的学校生活才更为重要。

父母一直低落的话，很可能会影响到孩子将要度过的学校生活。最好的方法就是果断地收拾好心情，变成那所学校的拥护者。

"目标是成为这所学校的好学生"，或者"由我的孩子来创造这所学校的新历史"也是不错的方法。总之，父母一定要坚信"孩子来这所学校是正确的"，在一旁见证孩子度过充实的学校生活。

说实话，我的大女儿也没能考上第一志愿的初中。不过我对她说"虽然落榜了，但能够参加它们的考试已经很不错了"，大女儿也对自己考上的学校没有任何不满。

现在回想起来，多亏去上那所学校，才有现在的女儿，去了那所学校绝对有着一些意义，内心充满了感激。

总之，如果孩子考试失败，父母要先于孩子恢复元气。不要只专注于结果，要把目光投向过程，根据整个过程来评判孩子的进步和成长，并为他设定新的目标。

Q 我家孩子小学的时候学习很好，也乐于学习，但自从小升初考试失败，没能去心仪的初中，而是去了另一所学校之后，孩子就不太爱学习了，我很担心不久之后的考试。

●● 江藤老师的建议

你的孩子一定为了准备小升初考试而努力学习了吧。

首先请你一定要明白，那时候孩子做的努力已经全部化为财富，为将来牢牢地扎下了力量之根。

我知道你很在意他现在的状况，但我相信你的孩子已经养成了学习习惯，你不用担心。

不要太焦急，请信任你的孩子，静静地守护他。

"和想去的学校不一样"，相较于孩子，大人对这件事态更感到意外，看见父母出现那样的反应，孩子自己也会自责。

这可能导致他在美好的中学生活中变得不快乐。

首先，妈妈要先从心底里接受孩子现在上的学校是"有缘的学校"，用开心的状态开启孩子新的学校生活！

如果能够尽情地享受这之后的 6 年初高中生活，活出自我的话，那对孩子来说就是最好的校园环境。

6 年后，你就会看见孩子得到了惊人的成长。

第4章 如何培养出不惧欺凌、内心强大的孩子

既要融入集体，也要做自己

孩子在学校会度过一大半的时间。学校是学习场所，同时也是与同学、老师接触的场所。

只要有合得来的朋友，有喜欢的老师，那么对孩子来说学校就是待得舒服的地方、快乐的地方，这与学习成绩无关。

但是，学校里的同学们都有着自己的个性，授课老师也性格各异，所以孩子之间、孩子和老师之间出现一点分歧、误解也在所难免。只是有时那些分歧和误解甚至会发展成吵架斗殴。

和大人一样，处理人际关系对孩子来说也是一大压力。和好朋友吵架、和同学意见对立、因为一点小事被老师批评……在学校生活中，孩子多多少少都会置身于压力之中。

第 4 章
如何培养出不惧欺凌、内心强大的孩子

注重人际协调性、不被集体排挤在日本社会被认为是美德。而且孩子的伙伴意识往往是对同一件事感兴趣、做同样的运动、有同样的想法，构筑基轴是"同"。

找到共同点时，人类就会产生共鸣，心意相通。但世上没有完全相同的两个人，拥有相同的部分必定也有相异的部分，所以人们才能交换自己的意见，互相激励、互相成长。

重要的是适应、顺应集体生活，但过于融入集体、抹杀个性就本末倒置了。

即便身处复杂的环境也要能够接受他人和自己的不同，将自己的想法用语言表达出来，根据自己的判断随机应变。培养出这样的孩子是父母的职责所在。

"你要变强"是禁语

吵架、欺凌，当孩子的友情出现问题时，父母为了鼓励孩子，经常会说"你要变强"。

对孩子说"去学习"，他可以坐到桌子旁开始学习；对他

说"安静一点",他可以暂时停止说话;不过对他说"你要变强",他就突然变强了,这样的孩子恐怕哪里也没有吧。

如果要求孩子精神上变得强大,就不要说"请变强"之类的话语。因为孩子也期待着"变强",但就是"变强不了",所以才烦恼。

而且奇怪的是,如果一直关注自己是否"变强",会觉得没有任何改变,反而是在能够发挥出来后,才会注意到自己变强了。不是头脑里一直想着"应当变强"就真的变强了,用头脑思考就能具备的"强"无法长久持续。

如果想要孩子变强,想要他具备百折不挠的心,父母应当给孩子提供能够培养"强大内心"的环境。

特别是受到欺凌时,孩子十分伤心,会自我厌恶甚至痛苦到否定自己的存在。

父母应当做的不是鼓动孩子"变强",而是要给予理解,认可孩子的优点,像往常一样对待他。尽量不要在对话中出现"欺凌"之类的词语。

重要的是照常对待、像平时一样守护他,借此传达出"你就保持这样挺好"。温暖地包容他,即便没有转换成具体的话语,用行动也能充分传达出父母的想法。

父母的想法也会成为治愈孩子心灵创伤的力量。

"自己和别人不同""自己保持这个样子就好""自己有存在的价值",这么想的时候,孩子就会把鲜明的自己扎根于内心。能够达到自我认可就是变"强",遇见任何事都会变得"百折不挠"。

只要有同伴,哪怕只有一人,也会自我肯定

人在为人际关系烦恼时会感到孤独,甚至会觉得周围所有人都是自己的敌人。

孩子也一样,在学校或者补习班,与同学、朋友、老师关系不融洽时,就会胆怯不安,感到寂寞。进而自责、自我否定,认为"是自己不行""是自己没处理好"。

如果在那个时候,有人能够站在孩子身旁成为他的同伴,对孩子说"没关系",哪怕只有一人,这种不安、寂寞也会变淡。

在电视、杂志上看名人采访,当问及父母时,许多名人都会说"父母是自己的同伴"。

"虽然很多时候都会惹他们生气,但从始至终父母都站在自己这边,所以自己不会泄气,能够坚持到现在。"

哪怕只有一人是自己的同伴,内心也不会感到孤独。只要知道自己有伙伴,心中就会涌出新的力量。

正因为孩子是自己的骨肉至亲,所以父母从始至终都会是孩子坚强的后盾。对孩子的痛苦、哀伤、愤怒全部感同身受,让孩子知道"父母是孩子的同伴",对孩子来说就是最好的安慰、最好的鼓励。

"我是你的同伴"无须说出来。和孩子一起吃饭时说"好吃",一起去购物时说"很开心",只需要做这些,孩子就会感到"自己不是孤独一人"。

说一个我自己的经历吧,也许有些离题。大女儿在叛逆期时,我会尽量创造和大女儿共处的时间。我想通过更多的共处时间传达出"我在守护你""我很珍视你"的信息。

当时大女儿沉迷于制作日式点心,所以我把工具、食材买齐,经常和她一起制作。邀请她一块买东西时,如果只是说"一块去吧",她不会去,但换成"我想听听你的建议,和妈妈一块去吧",她就会一起去。

也有许多不用语言也能传达的东西,不用做很夸张的事，在日常生活中就有很多能够展示自己是孩子同伴的方法。

"自己不是一个人""自己有同伴"，能够感受到这些，孩子一定能重拾自我肯定感。

告诉孩子，"我就在你身边"

人拥有着辨识自己与他人异同点的能力。在和他人相处的过程中，我们想让他人认可自己的存在，有着"想被承认"的欲望需求。

"承认"听起来也许有点夸张，但我们的确在无意识之间想要他人注意到自己的存在，想要他人重视自己的存在。

如果熟人向自己打招呼说"你好"，我们就会单纯地感到高兴；"你很擅长做点心哟"，听到被夸赞的话也会喜不自禁。

人们有着"想得到他人认可"的需求,通过该需求被满足得以确立"自己"的存在,并发挥自己的能力。

孩子同样如此。这并不是说孩子察觉到自己有"想得到承认"的想法,而是他们有这样的感受。如果自己没被别人注意到,就会感到寂寞;明明他人看到了自己却没跟自己打招呼,也会感觉受到了苛待,感到悲伤。

寒暄虽然是每天的日常,但孩子听到父母说"早上好",会感觉父母在意自己;听到"晚安,睡个好觉",会感到自己受到了重视。

"早上吃了好多呢""看着没什么精神,是不是发烧了""今天考试加油""路上小心慢走,小心车""欢迎回家,在学校开心吗""晒黑了""好像很累啊""晚饭是汉堡牛肉饼哦"……

孩子有时在学校因为一些事不高兴了,不会回应父母的寒暄,有时甚至表现出对这些话语很厌烦的样子。

但是,父母自然地重复日常性的话语会让孩子感到安心。即使当时心情别扭,孩子也能透过父母的唠叨明白父母想表达的"我就在你身边",无意识之间便能感受到父母一直都认可着自己。

第 4 章
如何培养出不惧欺凌、内心强大的孩子

如何看待孩子的朋友往来

有时,父母对孩子要特意抛开"亲人"的身份。父母通常会错认为孩子是自己的分身,特别是在孩子还小的时候。

如果认为孩子是自己的分身,父母就会过于在乎孩子的朋友关系。对于没有主见、对朋友唯命是从的孩子,父母会心急"为什么不说你想说的呢";反过来,对于坚持己见的孩子会劝诫,"不要这么狂妄"。

虽说是自己的孩子,但孩子和父母拥有着不同的人格,是独立的个体。父母应当加强"孩子和自己是不同的"的意识,默默守护和孩子之间的关系。

特别是"窝里横"的孩子,父母说什么都不管用。"你内心有着各种丰富的想法",父母要做的就是积极地理解他,尽

量不干涉孩子之间的往来。

不过，违反伦理道德的情况又另当别论。

重要的是父母首先要明确划分开，"此前我都没有干预你，但做得过分的话我就会插手"。

孩子与父母虽然是"不同的"人，但教育孩子的人还是父母。教他们区别"好"和"坏"、不让他们做坏事都是父母的责任。

明显给别人添了麻烦、伤害到了别人、做了违背道德的事，就要严厉地批评"不可以做这样的事"，必须尽全力制止他。

例如，孩子加入的伙伴团体在做违反伦理道德的事，父母要说"不要与那伙人往来"。同时，应当对那伙人的行为坚决说"不"。

正因为是自己的孩子，所以更不要睁一只眼闭一只眼地纵容他，对不好的事要坚决地说"NO"。对孩子采取的行为说"NO"并不是否定孩子自身，父母对自己孩子采取的态度必须坚决。

第 4 章
如何培养出不惧欺凌、内心强大的孩子

对话会在以后发挥效用

有这样一句英语谚语,"爱你的人的忠告,即使你当时并不喜欢,也得把它记下来(Write down the advice of him who loves you, though you like it not at present)"。

在意自己的人给自己的建议必定值得参考。所以,即便听到的时候不能立刻领会,也要记下来,之后再重新思虑,这才是明智的做法。

父母许多时候会对孩子提出忠告,期待孩子能立即理解自己所说的话,立即改正行为。

但是正如上述谚语所说,人对于他人语言中的真意,不一定在入耳的瞬间就能理解。

有时,我们在听的时候当作耳旁风,之后回想起来,其中的深意渐渐回荡在心头,想要反复领悟体会。反过来也有这样的情况,被说的时候没有在意,之后慢慢细想才发现自

培养孩子抗压力的方法

己被否定、被谴责了。

语言有着不可轻视的神奇力量,说出口的语言会影响现实中的事物。语言的力量在说出口的瞬间并没有消失,而是留在听者的心中,持续影响到将来。

父母每天会对孩子说许多话。如果孩子对那些话没有反应,我们往往认为他没有听见或者没有在听。但绝非如此,语言会在之后发挥效力。无论好话还是赖话,以后都能看出它的作用。

即便孩子反应迟钝也不要着急,请谨记"语言在之后才会起作用"。

我想提醒父母的是,说出口的话是收不回的,所以对孩子尽量不要恶语相向。

Q 孩子好像受到了朋友轻微的欺负。跟老师说了,现在没有太大问题,但我担心还会有类似的情况发生。

● ● 江藤老师的建议

孩子和妈妈都很难受吧?

但是能够跟老师报告,环境得到了些许改善,真是太好了。

孩子能够跟你倾诉,说明你平常就营造出了"什么都可以跟妈妈说"的氛围。

在早期就能够做出处理比什么都好。

我能理解你担心以后,但现在如果没有发生什么的话,就请你和往常一样开朗地对待孩子。

如果妈妈一脸担忧,孩子也会受到传染。

比起过分的担心,现在更应该做的是每天听孩子诉说,真诚地看着他,对于这次的事尽量少提及,这样不是更好吗?

有问题的时候,妈妈就会出现。

不要插手干预,远远地守护他即可。

亲近,但保持一定的空间,试试以这样的方式对待孩子怎么样?

第5章 孩子会随着妈妈的改变而改变

我自己是如何改变的

为了培养出百折不挠、坚强抗压、内心强大的孩子，妈妈作为培养人也要具备一颗百折不挠的心。如果妈妈对自己的育儿不自信，容易被他人的意见所左右，对孩子不能采取一贯的态度，那么孩子也不会变得强大。

不会弹奏钢琴的人就无法指导钢琴，没有实际踢过足球的人就无法当足球教练。

母亲对孩子而言，是最亲近的成人模范，是接触时间最长的大人。孩子是看着父母的背影长大的。如果想要孩子变得强大，首先负责育儿的妈妈自身就必须变得强大。

前4章主要讲述的是对待孩子的方式方法，第5章和第6章则是从妈妈的角度入手，讲述如何让作为妈妈的你变得

第 5 章
孩子会随着妈妈的改变而改变

"强大"。

暂且不讨论正处于成长的孩子,且论已经成人很久的自己,如今还能变强吗?能够拥有一颗百折不挠的心吗?有这样想法的人想必也不在少数,以前的我也会这么认为。

但是现在,我要大声地说,人无论到何时都能够改变,无论什么样的人,都能让自己变得强大,每个人都能拥有一颗百折不挠的心。

为什么这么说呢?因为我在这 10 年里就产生了连自己都惊讶的变化。

向外踏出一步的契机

10 年前的我还是一位全职家庭主妇。当时大女儿上初二,小女儿上六年级,这段时期正是育儿最需要投入的时候。我热衷于育儿,被周围人说"江藤女士的兴趣是育儿",甚至被戏称为"育儿拼命三娘"。

我把精力全部放在女儿们身上,我会配合女儿们的日程行动,将自己的事情搁置一旁,以女儿们的事情为先,我也满足于自己能够专心育儿。

但是,情感投入过多的话反而会成为孩子的负担。对于女儿们,尤其是进入青春期的大女儿来说,我倾注在她身上的热情让她感到了负担,她以自己的方式明显地与我拉开了距离。

看着女儿的变化,我痛感到"或许改变与女儿的相处方式会更好""精神上远离女儿会比较好"。

不过,突然停止此前一直坚持做的事也是非常难的。育儿对我来说既是兴趣也是特长。况且这段时期对女儿们来说学习越来越重要,我就更不可能主动撒手不管。

如果不能直接停止,可以通过其他事情来减少投入在育儿上的时间。

如果学习技艺,自己周围的环境变化不会太大。我想出去工作,想要接触社会,哪怕短时间也行。

做计时工不仅可以在孩子放学回家的时候亲自做晚饭,还能与女儿们一起吃饭!在那股精神气的驱使下我开始寻找招聘广告,这距我当时辞职早已经过去了15年。

我因为辞职空白期太长而产生了畏惧心理,"想试试应聘这个,但似乎太勉强了""那个也很有趣,但是我不可能做到",一直做不出决定。

期间我看中了一个英语培训班的讲师招聘。因为有在美国生活的经历,所以我对英语还算有一定的自信。而且,这个培训班是以幼儿为对象,所以曾在美国育儿的经验能派上

第5章
孩子会随着妈妈的改变而改变

用场。

"这份工作我能做",想到这里我便去应聘了。

眼前的景色变了

每周上3天班,上班时间不固定,两三个小时到6个小时不等,踏出的这一步给我带来了巨大的变化。

走出家门和家人以外的人接触,和各种人对话,眼前所见的景色一下子宽阔起来。那份宽阔,不是二次元平面上的宽阔,而是三次元以上的宽阔,它超越了时空界限,延伸到了未来。

在全新的环境中,我对各种事情都跃跃欲试。遇见教练的工作也是那时候的事。

自己说的话或许有点王婆卖瓜自卖自夸,但我觉得当时自己很善于倾听。从媒体得到的信息来看,善于倾听的我也许适合当教练。

我本是打算训练"倾听"技能才去的研讨班,现在回想起来,我在那里学到了"活出自我的生存技能"。

以往的我没有目标,非要说有的话,也就是希望孩子在考试中取得好成绩、取得好成绩后进入好学校之类的,不是由自己来实现的目标,而是由别人来实现的目标。

通过学习教练课程，我开始有意识地制定由自己来实现的目标。

"之后要做什么""之后打算过怎样的人生"，我心中怀满了期待，兴奋地想要告诉大家。

变化甚至让自己吃惊

"想要他人了解自己"，也包含着想要告诉大家，自己找到了力所能及的事情。

随后我就开始发送电子杂志。最初杂志的内容是回国子女的妈妈经验谈，在女儿考上东京大学后，内容就变成了备考经验。

从个人电子杂志开始，一直到2009年3月，我还出版了作品。因为书的反响很大，我想如果我的经验能起到一些作用的话，为什么不直接面对面地传授给大家呢？于是我在2010年7月创建了"妈妈学校"。

10年前还觉得"自己什么都做不了"，现在却写出了以"培养孩子抗压力，让孩子内心强大"为主题的书，人生真的是不可思议。

我在这10年间发生了很大的变化，也切身感受到自己"变强了"。

第 5 章
孩子会随着妈妈的改变而改变

我想再次重申一遍,人是可以改变的。无论到何时,人都可以变强,可以拥有百折不挠的心。

我改变的契机是出去工作接触到了外面的社会。但是即便不进入社会工作,变化也会到来。

我们可以改变思维。思维改变的话,对事物的看法也会改变,对事物的看法改变的话,自己也会改变。

接下来就谈一谈这 10 年间,我的思维产生了什么样的变化,随着思维变化,我的育儿姿态又出现了何种变化。

我也曾穿着铠甲

孩子一出生什么都不会。从最基本的翻身开始慢慢成长,学会站立、走路、说出只言片语。

孩子一点点地成长,周围人也会温和地看着孩子逐渐成长。

而妈妈又如何呢?刚刚生出头胎的女人也是第一次当妈妈,可谓零基础,完全没有一点儿经验。用婴儿打比方的话,就是连翻身都不会的状态。

尽管如此,从成为妈妈的那个瞬间起,就背负起了孩子的一切。

如果自己的孩子比其他孩子走路晚,妈妈就会怀疑是不是营养没跟上或者运动方式有问题;说话晚的话,就会想是不是自己教的方式不对;能不能成为好孩子、会学习的孩子也全是妈妈的责任。

想把孩子培养成杰出人才,妈妈在这个美好愿望的驱使下一个人担负起全部责任,隐藏了自己一直以来的梦想,为了当一个完美的妈妈,甚至穿上了与自己不相称的铠甲。这就是妈妈。

我之前希望自己是好儿媳、好妻子、女儿们的好妈妈,而且心里面有着明确的"三从四德"标准,时刻谨记好儿媳应该怎样做、好妻子应该怎样做、好妈妈应该怎样做。

因为要当好妻子所以专心于家务,因为要当好妈妈所以专心于育儿。做任何事都以孩子为先,自己的事情排在第二。"不用在意妈妈,你们开心就好"已经是我的口头禅。

在不知不觉中,我自己就穿上了好儿媳的铠甲、好妻子的铠甲、好妈妈的铠甲。通过穿上这些铠甲来创造出自己的同一性。

第 5 章
孩子会随着妈妈的改变而改变

而这无形之中就对自己添加了限制,因为是好儿媳、好妻子、好妈妈,所以"这个不可以""那个也不行"。

朋友的一言让我卸去铠甲

"江藤你原本不是这样的人吧?"

学习教练课程几个月后的一天,班上的同学对我这样说道。

我最初还感到疑惑:"啊?你是指什么呀?"后来我重新思考她话里的含义,有些想通了她想表达的意思。

我答道:"或许吧。"对方又说:"江藤虽然外表看起来温和柔弱,但实际上很刚强吧。"

她说话固然直接,却意外地说到了我的心坎里,也许我一直以来都隐藏着真正的自己,自以为柔弱,实际上却有着如同男子汉般刚强的力量。

在对方话语的触动下,我发现了原本的自我,"真正的自己不是这样的""外表看似柔弱,内里却意外地坚韧"。

那么是什么掩盖了真实的自我呢？我想到了好儿媳、好妻子、好妈妈的铠甲。

在你没有注意到的时候，你不会感觉沉重。一旦意识到自己穿着铠甲，瞬间就会感到那份沉甸甸的重量。

为了脱去那份早已穿惯的铠甲，多多少少需要些勇气。如果能说服自己，我不需要这身铠甲，那么脱去铠甲的勇气也会涌出来。

卸去铠甲的我又是如何改变的

意识到自己身穿铠甲、戴着头盔后，我开始对此前习惯性的行为、主动做的事情重新做出了取舍。

例如和妈妈圈的聚餐。在之前，如果有人邀请我，我一定会去，但老实说，有时也不愿意去。对于曾经不缺席的聚餐，现在的我会问自己"想去还是不想去"，会果断地决定"不想去，那就不去了"。

此前的我会怀疑自己的能力。例如，当别人委托我当某

第 5 章
孩子会随着妈妈的改变而改变

个活动的负责人时,我会说"做不了"。但是意识到真实的自我后,我会对自己会做的事情坦率地说出"我能做""我来做"。

发送电子杂志也摒弃了"想做,不过……""反正我做不到""不做"的想法。

我变得可以勇敢地挑战,"想做,所以……""也许不会做,不过……""试一试吧"。

学生时代的我语文不好,下意识地觉得自己不擅长写文章。但是,脱去铠甲的我转变了想法,文章写得不好也没关系,我把自己独特的想法传递给他人就好。别人接收到了我想传达的东西,那文章写得好与不好是可以忽略的。

脱去铠甲就是接受真实的自我,接受真实的自我才能对此前的自己和现在的自己说出"OK"。在这个转变下,我变得可以大胆地提出自己的意见。

自己无须强撑着装模作样,能够以原原本本的自己去行动。

当初书出版的时候犹豫的想法也冒了出来。一方面想着"考上东大的是女儿们又不是自己""明明不是自己做的,还把它当作题材写成书,是不是太自大了""炫耀自己会交不到

朋友的"。

而另一方面,"世界上有许多帮助儿子备考的妈妈,如果能帮助到她们的话,出书的意义不就很大了吗",这个想法愈发强烈,而且我也想通过主妇出书来告诉大家,妈妈们也能向大众传播信息。

最终在意志的驱使下,我决定写书。

不知从何时起我开始变得强大,能够坚决地做出决断,相信自己选择的道路最终会是正确的。

努力把选择的道路归为正解,正是基于这样的心理,我开始写书。

育儿
即培养孩子的习惯

进家要脱鞋;饭碗要放在自己的左侧,盛有大酱汤的碗要放在右侧;吃饭之前说"我要开动了",吃完饭后说"谢谢招待"……这些小行为已经成了日本人的日常习惯,日本人很自然地便能做出这些举动。

第 5 章
孩子会随着妈妈的改变而改变

身体习惯之后不用一一在头脑里思考便能瞬间毫无违和感地做出来。

亲子对话也形成习惯的话,就能自然而然地说出。在对话过程中,如果父母认真倾听孩子诉说,那么孩子自然也会认真倾听他人说话。

在我家,除了正餐,连点心也尽量自己做。现在独立在外生活的大女儿也保持了这个习惯。

当下有不少独居的年轻人每天吃的都是便利店的盒饭,但大女儿却仍坚持自己做,甚至我都会对她说"如果忙的话,就去外面吃吧"。

早起、吃早餐、每天学习,全部都是习惯。

通过日复一日地重复进行来让孩子养成习惯。

可以说,育儿就是培养孩子养成良好的习惯。想要让孩子抱有目标、持续学习的话,父母可以在日常生活中经常向孩子展现出相应的姿态。如果想要孩子变强,父母就要向孩子展现出自己积极向前地过每一天的姿态。

父母是离孩子最近的成人榜样。父母作为榜样每天都充满活力、快乐积极,孩子看见这样的父母就会抱有美好的憧憬,能够给自己的未来描绘出大大的梦想。

妈妈也可以迈向新人生

日本的教育发生了改变。在我还是学生的时候，妈妈是大学生的情况还很少。但是如今处于育儿期的妈妈又如何呢？很多人在结束义务教育后会继续上高中，接着考入大学或者专科学校接受高等教育。

由于接受过高等教育，掌握了相应的知识与技能，所以现在处于育儿期的妈妈基本上都很自信。各自持有着专业知识，有着擅长的领域。

不过专心于育儿的期间，自己掌握的知识、技能几乎没有用武之地。尽管曾经很有自信，但日常生活中根本没有活用它们的机会，所以渐渐地失去了自信，合上了梦想的盖子，到最后甚至忘了自己曾经富有自信、怀有梦想。这便是育儿期妈妈的现状。

第 5 章
孩子会随着妈妈的改变而改变

万事以孩子为优先，常常把自己的事延后，这就是妈妈。

由于太过于爱孩子，妈妈失去了真实的自我，自我限制欲望与行动，把一切精力都倾注在孩子身上。

但是，孩子必定会成长，离开父母独立生活。如果只把育儿当作生存价值，那么妈妈会在孩子离巢的那一刻失去生存价值，怀疑自己的人生原来是什么样的，瞬间被无尽的虚无感侵袭。

特别是责任感强的人，她们会封锁住各种情绪与想法，因为"自己是妈妈"，所以这个不能做，现在不应当做，无意间给自己添加了各种限制。

正因为是妈妈，所以不自由。但是妈妈也是一个独立的人，有着独立的人生，可以为了活出自我，勇敢地向外踏出一步。

那一步也许就是你和没有在育儿的人的不同。与轻盈矫健的人相比，步伐虽小，但是妈妈也能向外踏出一步。

"因为是妈妈，所以……"，消除这些自我添加的限制吧。

人生只有一次，没有"第二人生"

对育儿忘我投入的时候，我曾思考过，育儿结束后会有自己的人生吗？人们常说"第二人生"，我也产生了错觉，女儿们长大后就会开始自己不同于以往的人生。

因为现在孩子还小，离不开视线……现在孩子还是小学生，一个人什么也做不了……现在孩子还在上中学，学习很忙……

我以育儿为理由，封锁住了真实的自我，穿上铠甲、戴上头盔，对自己添加了重重限制。

想着孩子上小学后就会变得轻松，成为中学生后就会变得轻松，变得轻松后再做这个吧，真的是自欺欺人。

孩子上小学后，妈妈就有当学生妈妈的忙，这在孩子上初中、高中之后也不会有所改变。只是花费精力的事情，需要挂心的事情种类、性质产生了变化，育儿在每个时期都有每个时期的辛苦。

某个时刻,我突然意识到,人生是无法分割的一个整体。

在家人的呵护下长大是自己的人生;在大学学习、进入社会参加工作是自己的人生;结婚生子、育儿,毋庸置疑,也是自己的人生。

人生处于同一条线上,不同的年龄,线上承载的东西也不同,相应的过法也不同,但人生就是相连的一个整体。

人生只有一次。我的人生还很长。

因为这个发现,我大大地改变了自己原来的想法。

审视妈妈这个角色,转变视角并随之改变

意识转变后,我对于育儿的想法也出现了逆转。

前文曾有提及,我沉迷于育儿甚至以育儿为兴趣、为特长。育儿是我的生存价值,我也享受育儿的快乐。

在内心某处对育儿抱有自我牺牲的想法也是事实。同时也认为妈妈应当这么做,穿上好妈妈的铠甲武装自己,不讨

厌自我牺牲。

不过，当我意识到育儿是自己的期许，花费在育儿上的时间也是自己人生的一部分后，我看待育儿的视角就出现了变化。从以前的想培养出那样的孩子、想让孩子走这样的人生，变成了我想成为什么样的妈妈、以后要以什么样的形象去面对孩子。

不是要你回顾过去概括总结出"自己是怎样的妈妈"，而是面向未来、构筑希望，"以后要成为什么样的妈妈"。

这对我来说是很大的意识改变。

自己现在只能专注于眼前的事、不可以考虑未来，我从此前的自我束缚中解放出来，视野面向未来后一下子开阔起来。

"10年后的我会变成什么样子呢？"

"那个时候，我会和女儿们在谈论什么呢？"

"我的周围有着什么样的人？我又在做着什么呢？"

梦想充盈于内心，也就更加珍惜现在。

"畅想未来"对孩子来说非常重要，同样地，"畅想未来"对父母来说也极其重要。

或许有人会认为父母"畅想未来"就是放弃育儿，事实绝非如此。虽然现在正处于育儿期，但在这条延长线上有着

第 5 章
孩子会随着妈妈的改变而改变

未来的自己,有着正因为经历过育儿才能描绘出未来的自己。

父母作为成人榜样履行着父母的义务职责,梦想着未来,充满活力地踏出自己的人生,这对孩子来说有着很好的教育意义。

对于不知道的事情就明确地说出"不知道"

穿着铠甲时的我事事要求完美,也可以说正是因为想表现出好形象所以才穿上了铠甲。

因为想表现出好形象,所以即便有不知道的事情,也不会说"不知道"。在妈妈圈交流时,如果有不明白的地方,我就会鄙视自己:"为什么我会不知道?""怎么办,我不明白她说的意思。"

以前下意识地觉得不懂是很羞耻的事情,所以很多时候都会不懂装懂。

在美国的时候也是,经常出现明明不懂,我却一直"Uh-huh,un-huh"地搭腔附和,结果被问到"好,你是怎么想的"时，却什么也回答不上来。

其实对方不会介意我不能理解某个词语的表达，如果说"不懂"，对方就会换成连日本人也能明白的简单表达。我也一样，和外国人用日语说话时，如果对方说"不明白"，我就会换成简单的日语，还会反省自己之前没有考虑到对方是努力说日语的外国人。

不过当时的我，以"不懂"为耻，觉得说"不懂"很不体面。

直到现在，这个"想做出体面的样子"的坏毛病也没有完全拔除，也无法做到毫不犹豫地说"不明白"。但现在的我会意识到自己"想做出体面的样子"。

因为"想做出体面的样子"，所以仍然难以果断地说出"不明白"。不过另一个自己会小声地对自己说："不要不懂装懂，不明白的话就老实说'不明白'。"

然后被这个嘀咕声所驱使，索性说出："这个地方我不明白，你可以告诉我吗？"

世上没有无所不知的人。"求教乃一时之羞，不问乃永世之耻"，有不懂的地方就要问。

说出"不明白"等同于拥有了解新事物的机会。比起装出懂得的样子，不如老老实实地回答说"我不懂，请您指教",以此扩展自己的知识才是为自己好。

遇到自己不懂的地方,妈妈们不能泄气地说"不会就不会吧",可以在坦率说出"不会"后继续说"请教教我吧"。

妈妈的大部分烦恼来自于"别人家的更好"

育儿中的妈妈有着各种各样的烦恼。烦恼缘由每个人都有所不同,但那些烦恼的起因八成是"别人家的"样样好。

"××家的孩子和小朋友玩得可愉快了,为什么我家的孩子就算去公园,也老一个人玩沙子呢""××家的丈夫一到周日就带孩子出去玩,为什么我的丈夫就只会在家游手好闲地待着呢",和他人的对比与所有的不平不满都是相互关联的。

我也不例外,也是"别人家的草坪更绿"。

回顾更早的时候,女儿与同样月龄的孩子相比走路晚,我就会悲观道,"××家的孩子已经开始走路了,我家的孩子怎么还不会走";换尿布的时候又叹气,"××家的孩子早就不用穿尿不湿了,为什么我家的孩子还得穿"。

上幼儿园的时候也是如此,一到游泳的季节就会想"为什么我家的孩子这么怕水呢";运动会上就会想"为什么跑得这么慢呢"。看见和女儿正好相反的类型就很羡慕。

现在想起来,女儿喜欢看书,也擅长画画,也很喜欢音乐。但我却看不见女儿的优点,只专注于她不会的部分,变得悲观消极。我以前太要求孩子完美了。

关于家庭环境,看见在超市买东西的男性,明明完全不了解那个人的家庭环境,却还是生气道:"人家的丈夫就会经常去超市买东西,我的丈夫却一次也没买过。"在公园见到陪孩子一块玩的爸爸就会产生错觉,认为世界上所有的爸爸都会和孩子一块玩,从而陷入不满,"为什么孩子的爸爸休息日就只知道睡觉,不陪孩子玩"。

所有的妈妈都会觉得别人家的孩子更好,这是通病。

我主办的妈妈学校里的学员也是,最初多多少少都有着眼红"别人"的烦恼。但是,在妈妈学校里经过互相交流、共同学习后,就会注意到"不只是我,原来大家都有这样的烦恼"。

注意到"不只是自己"后,因为羡慕别人而产生的烦恼、不满便能很快消失。曾经投向孩子的目光开始转向自己,各自畅想自己的未来。

第 5 章
孩子会随着妈妈的改变而改变

孩子会随着妈妈的改变而改变

以往投注在孩子身上的目光转投到自己身上后,此前像盯着自己分身一样看向孩子的目光就变得客观起来。

可以远距离客观地看待孩子后,对孩子抱有的想法便会改变,对孩子说的话也会改变。

"为什么只考了这么点分数",曾经失望的心情会转变成对孩子的理解——"这次没有考到理想中的分数呢";"为什么不更努力些",斥责的语言会转变成鼓励的语言——"虽然这次没有考好,但是下次努力就好了"。

父母言行产生变化,孩子的反应的确会随着改变。真的有好多人对我说,因为妈妈改变而和孩子的关系变好了。

我的变化很显著,明显到女儿们都说"妈妈就像变了个人"。也许女儿们感受到,我曾经投在她们身上的视线转向了其他地方,所以精神上变轻松了。

父母看向孩子的视线中除了爱惜,还有期待。期待过大

的话就会让孩子感到负担。

我有时也会在无意间向女儿们投去饱含期待的眼神。所以当我把目光投向自己后,女儿们身上的负担得到了减轻,从而变得放松起来。

我能够感受到她们的变化,曾经树立的目标是为了回应我的期待,但现在是为了自己的未来。不是为了让我高兴而努力,而是为了实现自己的梦想而努力。

如果要求孩子"希望你能变成这样",那么首先妈妈自己要改变。孩子行动的起点在于妈妈。

孩子每天都在成长,今天做得好的事情在一年后不见得做得同样好。因为孩子在不断成长,所以妈妈自身也要不断成长。

 夸奖的确很重要。我也会给予孩子很多夸奖,但很多时候不得不批评他。江藤老师在批评时会注意哪些地方呢?

●● 江藤老师的建议

的确如此。每天都会有许多需要批评的时候。

不过,"夸奖"和"批评"并不是相互对立的。

所以我也经常批评孩子,我觉得批评非常重要。

我认为"批评=传递"。

传递出"那样是不对的,不可以那样做"的含义。

需要注意的是,为了传递出要表达的含义,要尽量保持冷静。

人都有情绪,不可能一直保持冷静。我觉得愤怒也是没办法的事。

那是因为里面包含了太多情感,感同身受……

愤怒的时候尽量变冷静,向孩子传递出你为什么而愤怒。

还有一个需要注意的地方是,当自己马上要失去冷静时,请立即当场离开。

自己独处一会儿就能重新恢复冷静。

当然了,在每天的日常生活中,我们不可能马上变"冷静",只需谨记"批评是传递信息"这个关键语,就能缓解紧绷的情绪。

第6章 来自实施正向教育法的妈妈的建议

何为"正向教育妈妈"

有些妈妈关心、爱护孩子,并能够认真地教育他们,目光不会只投向孩子,也有着自己人生的意识,呵护孩子成长的同时也有意识地令自己成长。

她们的人生并不是从孩子出生、自己变成妈妈的那一刻起就此结束,正因为成为妈妈,她们的人生幅度才更加宽阔,更积极地描绘出自己的未来。她们并不只是严格履行妈妈应尽的职责,而是肯定正在育儿的自己的价值,积极地思考如何使成为妈妈的自己得到成长。这便是"正向教育妈妈"应有的姿态。

有一阵子,"教育妈妈"这个词很流行。从中听不出孩子的意志,甚至带点强制学习的过激含义。

第 6 章
来自实施正向教育法的妈妈的建议

不过那是在日本高度发展时期、重视学历的时代。当时的妈妈自己没有充分接受到教育,所以拥有强烈的"希望自己的孩子比自己更好"的愿望。在教育方面,孩子应该是自主地去学习,然而很多妈妈往往对孩子的教育投入了过多的热情。

现在的情况又如何呢?

日本整体的教育水平上升了一个大台阶,高学历妈妈也增加了,妈妈已经不再有"让孩子比自己更好"的想法。

如果把在学历至上主义的风潮中,将孩子和自己同化,全身心倾力于孩子教育的妈妈称作"教育妈妈",那么,在这个要求人们具备"强大内心"的时代,关心孩子教育的同时也使自己成长的妈妈就是我们所说的"正向教育妈妈"。

如何实施正向教育法

"成为什么样的妈妈"是正向教育妈妈的主旨所在。

女性在孩子出生的那一刻起成为妈妈,此后就把自己的

培养孩子抗压力的方法

事情束之高阁,将孩子放在首位。因为担负着培养孩子这个重大的使命,所以万事以孩子为主体,出发点都是"我要把可爱的孩子培养成什么样的人呢"。

妈妈不单单是负责育儿的人,生下孩子、成为妈妈之后,她还是一名女性,一个独立的人。

正向教育妈妈不会忘记自己是一名独立的女性。即便是育儿,也会把主体放在自己身上,考虑的不是"培养出什么样的孩子",而是"我要成为什么样的妈妈"。

老实说,这个主旨信息还是借鉴于妈妈学校的一个学员的话。

她参加了基础、进阶、专业连续 3 门课程,课程结束时,我问她"你从这里学到了什么",她是这么回答的。

"我开始有意识地思考,我要成为什么样的妈妈来度过自己的人生。"

成为什么样的妈妈——我觉得这是非常优秀的表达。这条信息也明确地表达出了妈妈学校的目标。

虽然孩子是从妈妈的肚子里生出来的,但孩子是孩子,妈妈是妈妈。

感恩于孩子的出生让自己成为妈妈,作为担负着育儿任务的一个独立的人,我们要活出作为妈妈的自己的人生。

第6章
来自实施正向教育法的妈妈的建议

拥有这种视角是正向教育妈妈的基本前提。

书写人生线

仅仅在头脑里思考,新的视角永远不会出现。我们想要看得远时,便会登上高处;想看清细节时,便会接近对象。同理,为了把自己当作主体,首先必须了解自己。

也许你认为最了解自己的人就是自己,但事实并非如此。也可以这么说,我们曾经了解过,但现在都忘却了。

在妈妈学校,最初的基础课程是以"了解孩子"为主题,而在第二个进阶课程中,我们是以"了解自己"为主题。

为了让大家了解自己,在进阶课程中,我们会让听课的学生写出"人生线"。

忆往昔,自己在哪个阶段受到了谁的影响,做过什么样的事,对什么样的事感兴趣,全部写出来,并对各个阶段标出满足程度。这就是"人生线"。

例如,小学时,在合唱竞赛上我做了指挥,获得了第一名,很开心;初中时,很荣幸被选为学生会成员,我喜欢当领导;在高中的社团活动中和队友们一起努力,那时候真令人怀念……回顾各个阶段,我们会更加深切地感受到人生有各种舞台。

回顾过去、了解自己,"原来我是这么生活过来的",认识到"好的有、坏的也有,那都是自己"。虽然自己成了妈妈,但确信"前方会有自己的未来"。

了解自己,把集中在孩子身上的意识转换到"自己的人生"上。经过意识转换,视角主体也会从孩子变为自己。

"我的人生还很长"

把注意力放在"自己的人生"上,我们就会意识到正在育儿的现阶段也是自己人生中的一个舞台。并且,目光也能投向育儿结束后的未来。

即便育儿阶段结束,但人生还在继续。如果有期许的话,未来甚至能够登上新的台阶。

育儿是美好的体验。不过,在养育过程中会产生各种迷惑、烦恼。有时我们也会气馁,会受挫。

在迷惑烦恼时,注意力往往会只集中在孩子身上。但是,越是烦恼,就越要长远地看待自己的人生。

请对自己说"自己的人生还很长",孩子总会长大离开,但自己的人生还在继续。如此一来,面对眼前的问题与烦恼,心境一定会改变。

人生中会遇见各种各样的事,碰到各种境况。跨越并克服它们，坚信自己的人生还有更广阔的未来。

列出未完成列表

曾经因为育儿而"不能做"的事情，也许在几年后就可以做到。曾经因为育儿而放弃的梦想，也许在几年后就能实现。

通过回顾过去"了解自己"后，建议把目光投向未来的自己。大人和孩子一样，也会因梦想着未来而充满活力，让自己变得"强大"，培养出"百折不挠的心"。

不过看着眼前散乱的局面，我们根本不能平心静气地思考未来，所以我们首先从整理眼前的事物开始做起。

心里想着"做吧、做吧"却不去做，谁都有这样的情况。特别是妈妈，环视一下家中就有许多不得不做的事，常常有着大量未完成的事。

应做事项积攒成堆后，不要总是在脑子里想"怎么办"，先试着写出来。写在纸上，应做事项就会变得明确，也能找出有条理的着手步骤。有计划的话，焦躁不安的情绪就会得到缓解。

重要的是确定好做的顺序，给各个事项标记上日期，明确哪月哪日做。如果只在脑子里想着"找时间做吧"，往往是

培养孩子抗压力的方法

不会付诸行动的。

把想做的事写在道林纸上

眼前的事情变得清晰后,就试着展望未来吧。

不要只在脑海里想象未来的自己,要把它们写在纸上。重要的是把"想变成这样""想做这样的事情"转换成具体行动,使其可视化。梦想很多也没关系,使用大尺寸的纸就好。

有的妈妈因为过于集中精力育儿,所以在别人突然问起"自己的梦想"时毫无想法。不过,如果回想起学生时代的梦想、生孩子之前描绘的理想生活,应该就会理出一些思路。

毫无头绪的时候可以假设"如果",想象"如果有100亿日元的话会做些什么"。在想象的过程中,一定会出现自己期望、理想的些许片段。

写在纸上时不要去考虑能否实现。"想让孩子上哪所学校""将来希望孩子成为什么样的人"等,不要写寄托在孩子身上的梦想。

五年前我拿出了几张道林纸,用粗粗的马克笔写下了自己的梦想。

想经营咖啡馆、想创办学校、想教书育人、想出书,我花费一整天窥探自己的内心,把埋藏在内心中的梦想写在大

第6章
来自实施正向教育法的妈妈的建议

大的道林纸上。

光靠头脑里的想象不足以令梦想生根,在将其表述成文字、使其可视化后,便会一个接着一个地被唤醒,涌上心头,这很不可思议。通过书写,头脑里的思绪得以整理;通过整理,埋藏在内心深处的梦想得以展翅飞翔。

想象是自由的,书写也是自由的。"明明做不到,还写这样的东西,真是不好意思""这个怎么想都是不可能的"等顾虑通通不要有。

写出自己的梦想,有意识地去思考梦想,行动就会发生改变。例如写出"想出书",那么在见到出过书的人时,就会询问出书的相关东西。有梦想和目标的话,自己的行动就会变化,说话的内容也会改变。

书写梦想就是播撒梦想的种子,通过播种、浇水、施肥使其生根发芽。

实际上,我写在道林纸上的几个梦想都正在实现。

当然,在书写时,梦想伟大到自己都怀疑,"这样的梦想我能做到吗"。虽说梦想伟大,但如果连梦想的种子都不去播撒,那么就不会有浇水的机会。

写出自己想做的事,这是迈出实现梦想的第一步。

竖起天线

生存相当于学习。

这里所说的"学习",和学生时代的学习有一点不同。不用去学校,也不用听讲座,生活中充满着学习的机会。

看报纸、看书是学习;遇见各种人、谈各种话题也是学习。竖起梦想和兴趣的天线,眼中所看、耳中所闻、手中所触都能与学习联系起来。

如果把书写梦想看作播种,那么学习就是给种子施肥。

也许你认为自己忙于家务和育儿,根本没有学习时间,但实际上真心想学习的话,人却意外地会善于利用时间。时间很不可思议,什么都不做是一天,忙这忙那也是一天。俗话说"时间就像海绵里的水,挤一挤总是有的"。

如果你怀有梦想,并且打算为此而学习,那么5分钟、10分钟的时间也会得到有效利用。即便和以前一样做家务、育儿,没有减少睡眠时间,也同样能拿出自己的时间,在短时间内集中学习。

第6章
来自实施正向教育法的妈妈的建议

因为实施了正向教育法，女儿们也跟着改变

从美国刚回到日本的时候，我注意到自己说的日语很奇怪。想和父母、兄弟、朋友聊天，但却说得不流利，感到违和。

明明是母语，为何变成这样？我产生了疑问。不过在美国的时候，我说日语的对象只有两个女儿。而且当时我过于专注地育儿，和孩子处于分不开的状态。

和孩子距离缩短的话，父母在不知不觉中就控制了孩子，控制时用到的语言就是指示和命令。也就是说，在美国的我说出的日语大都是指示、命令的口气。

不光是我，很多居住在美国的日本女性都会说，"我的日语最近变得很怪""连很简单的日语都说不出来了"，这就是妈妈对孩子使用指示、命令语气过多的表现。

不过，一旦把曾经投放在孩子身上的所有目光都投向自

己，那么对孩子说出的话就会改变。

　　了解自己，认识到自己和孩子是分别独立的人，如此便能客观地看待孩子，发自内心地明白自己有自己的人生。把自己和孩子的人生分开考虑，如此便能自然地认为"这个孩子也有自己的思想""孩子也许和我持有不同的意见"。

　　于是，对孩子说的话也会改变。从"你去做这个""你去做那个"之类的指示命令，变成询问他们的意见，"你是怎么想的""你打算怎么做"。

　　我也变了。以前，女儿们从学校一回来，我就像审犯人一样问她们："今天在学校都做什么了？"现在变成了相互报告的形式："今天我都做这些了，你们在学校呢？"话题也从学习变成社会整体，对话内容的宽度一下子扩展了。

　　突然有一天我注意到，女儿们不再询问我的指示，说"妈妈，下次做什么"之类的话。

　　我下达的指示命令显著减少，女儿们开始能自己思考并采取行动。

　　以前我觉得女儿们永远是孩子，什么都做不了，但现在如果我回家晚了，即便我什么也不说，她们两个人也能自己做晚饭。看见她们尝试做我不曾教过的油炸食品时，我真的很惊讶，孩子在父母不知道的时候悄悄地茁壮成长着。

第6章
来自实施正向教育法的妈妈的建议

妈妈学校里的一位妈妈在准备学校要用的资料时,请教了在上高中的儿子如何制作幻灯片。

"原先觉得他还只是个孩子,没想到比我懂得多很多,我很惊讶",她高兴地对我说。

不过,惊讶的应该不只那位妈妈。对她的儿子来说,妈妈的变化也让他惊讶吧。

站在高处的父母降低到和自己相同的位置去学习一些东西,为某些东西而努力。原以为无所不能的父母现在跑来问自己,"我不懂,你教教我"。看到父母那样的姿态,孩子会感到"热爱学习的人生很快乐""学习有趣""梦想能实现"。

通过互相学习、互相帮助,孩子和父母之间的联结会变得更加强固。

试着挥动自己的羽翼

第5章曾经说过,我在这10年里发生了巨大的变化。这10年的心路历程也让我从所谓的"教育妈妈"变成"正向教

培养孩子抗压力的方法

育妈妈"。

如果 10 年前，我没有出去打工兼职，没有遇见"教练"这个职业，那么现在的我会是什么样子呢？

结婚的时候我就想着要参与到社会中去，如果那个愿望到现在仍旧没有实现，我想我的生活会过得很不如意吧，并且会把没能实现自己的愿望全部归咎于他人。

也许会对新晋妈妈们说，

"妈妈不好当啊！"

"生了孩子后，就不能做自己想做的事了。"

实际上我听过与之相似的话，多数都是嫁入富人家，因为丈夫不喜欢自己出去工作而不得不当全职主妇的妈妈所说。穿着光鲜亮丽的衣服，吃着美味佳肴，过着外人眼中非常优越的生活。但是，这些妈妈本人的满足感极低，感觉就像笼中鸟一样。

我明白她们的心情。但是，现在的我绝不认同这种说法。反而会问她们："既然自己有翅膀，为什么不去飞翔呢？"

无论别人如何反对，只要自己坚持想飞，就能创造出可供飞翔的环境。

如果对"牢笼"生活感到不满，就试着挥动自己的羽翼吧。

第 6 章
来自实施正向教育法的妈妈的建议

也许我就是通过挑战兼职挥动起了自己的羽翼。尽管最初心里没有底气,但只要踏踏实实、执着地挥动翅膀,不知不觉间就能展翅翱翔于蓝天。

当然,并不是说工作等同于挥动翅膀。我只不过是因为有想进入社会工作的愿望,所以出去兼职才等同于挥动翅膀。展翅方法因人而异。

因为是妈妈,所以不能飞翔,这种事是不存在的,育儿的同时也能飞翔。如果你想"飞",就大胆地挥动起自己的羽翼吧。

如何战胜育儿压力

育儿对父母来说有着大大的喜悦感。但是,育儿并不是只有快乐,同时也伴随着压力。

现在想起来似乎是个笑话,当时我为了让女儿早早地脱离尿布,努力了很长时间。"一直穿尿布会变笨""长时间穿尿布,孩子的感觉会变迟钝",我迷信于那些毫无科学根据的

培养孩子抗压力的方法

话,很早就脱掉了女儿的尿布。

为了尽早地脱掉孩子的尿布,我甚至让她穿上了内裤。结果女儿尿了床,弄得家里天翻地覆。

明明那会儿还不晚,我直接放弃就好,结果我却想着让女儿记住湿漉漉的不适感就能尽快习惯内裤,所以就一直强迫她穿着。结果女儿反复尿床,每次我都要擦洗。

虽然母亲经常劝我:"再长大点自然就不用穿了,为什么非要现在脱掉呢?"但我只是左耳朵进右耳朵出。当时的我非常缺乏远见。

妈妈都觉得快速成长是孩子能力优秀的表现,焦急地想让孩子"快点、快点"长大,但原本人类成长就要花费很长时间。即使和其他孩子相比晚一些,但每个孩子都有着自己的成长速度。即使晚一些、慢一些,但毫无疑问地,每个孩子都在成长。

就拿脱尿布来说,想要短时间出结果就会变成压力。设置一个宽松的期限,比如3个月以内脱掉就行,这样会如何呢?

决定好"3个月以内"的期限,想法就会变成"时间还很富裕,所以今天做不到也没关系,明天做不到也可以"。不是短时间内想着一定要做到,而是具备长远的视

第 6 章
来自实施正向教育法的妈妈的建议

角,做足准备,如此一来,因为焦急而产生的压力也会得到减轻。

育儿分各个阶段,每个阶段给妈妈带来的压力也多种多样。如果压力本身不可能消失,就与压力很好地共生吧。

持有自己的时间

人无法独自生存。但是,为了活出自我、审视自我、使自己成长,独处的时间是不可缺少的。

因为育儿,妈妈一直也不能享有独处时间。但如果感到有压力时,就更要确保独处时间。通过独自享有自己的时间,整理思绪,给身体充电。

去购物是一种方法,去理发店、美甲店也能够很好地转换心情,也可以周末抽 2 个小时来看书、看电影。和家人以外的人交流,接触不同于日常的世界,都能够整理停滞的思绪,缓解压力。

同时也推荐自我学习。孩子在学习时,如果明白这是为了自己的未来而学习,就会变得富有活力,视野也变得开阔。父母向孩子展现出学习的姿态,也会给孩子带来有益的影响。

培养孩子抗压力的方法

在美国时,我缓解压力的方法是看书和做陶艺。

除了经典、畅销书籍,我还看时尚流行杂志。在流行杂志中,一个不同的异次元世界在我面前展开,那会令人感到新鲜。

陶艺是每周做1~2次。女儿们去学校的时候,我会去工作室,在那里捏土,转动辘轳。那段时间会让我一门心思地投入其中,毫无杂念,身心都会感到愉快。

除了制作东西的喜悦,陶艺工作室也有教导他人的乐趣。美国人会就日本的陶瓷器提出各种问题。平常作为少数人生活的我一旦进入了陶艺的世界,就变成了教导他人的一方。

我对日本文化感到自豪,向别人传授日本文化给予我很大的自信。在那个陶艺工作室我可以毫无杂念,偶尔还能得到自信,让我感到很舒适。

总之,埋头于自己喜欢的事情是缓解压力、放松心情的最好方法。

找到适合自己的解压方式,比如"压力好大,去做个美甲放松一下吧"。及时按下转换开关,积极地面对压力吧。

第 6 章
来自实施正向教育法的妈妈的建议

想象 10 年后孩子会变成什么样

无论速度多么慢,孩子确实是在成长。

1 年过去了就有 1 年的长进,5 年过去了就有 5 年的长进,10 年过去了就有 10 年的长进。

如果以短浅的目光看待现在的状态,我们就会焦急不安。而换成用 10 年的跨度去看孩子的成长,父母的心情就会非常轻松。

例如,现在只是一个 3 岁的孩子,10 年后就是 13 岁。13 岁的话就是初中生。

虽然现在不能自己穿鞋子,但 13 岁就会自己穿了。

虽然现在不能好好吃饭,但变成中学生之后就一定没问题了。

这样一想,看待孩子的眼光就会变化,想象孩子将来的模样也会变得更加快乐。

而孩子也会从父母的焦虑不安中解放出来。"父母因为自己而焦虑""不能让父母满意",这些想法会给孩子内心带来巨大的压力。如果孩子没有感受到父母的焦虑不安,就会觉得"自己这样可以",形成自我肯定感,轻松自在地成长。

妈妈也没必要从一开始就要求完美。想象 5 年后、10 年后的自己,以孩子的自立为目标,让自己也一同成长。

育儿,培育的不只是孩子,还有自己。

除了孩子的成长,对待自己的成长也很积极的人才是正向教育妈妈。即便试行错误、出现失败也没关系,审视孩子、审视自我、不断交流,才能令亲子达到共同成长。

孩子是看着父母的背影长大的。看着父母坚持成长,孩子在长大自立后也会和父母一样不断地令自己成长。

想要不断成长的欲望会催生出内心的"强大",变成磨炼"百折不挠的心"的原动力。

 丈夫不让我出去工作,但我想出去,哪怕一会儿也好。这么想是不对的吗?

●● 江藤老师的建议

这完全是好事!

请怀有自信。

我以前也总想着"总有一天我要出去工作",所以我能充分理解你的心情。

不过介于你的丈夫对此有些意见和想法,首先建议你们两个人平心静气地商量一下。

请不要消极否定地反复认为"这个人在阻挠我"。

不要先入为主,请听听他反对的理由。

也试着说出你想出去的理由。

认真商谈的话,一定会发现想法相互融合的地方。

"何时",给内心的想法确定好实现的时期,现在的心情便会得到放松。

孩子长到×岁后。

孩子变成×学生后。

请憧憬着那一天,现在就在家里做力所能及的事。

人生还很漫长,现在才刚刚开始。

第7章 正向教育妈妈座谈会

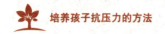

在妈妈变化的影响下,孩子会出现什么样的变化呢?

为了让孩子学会"对抗压力",在实际生活中妈妈们做出了哪些努力呢?

让我们来聆听正向教育妈妈们的真实心声。

江藤:今天我们邀请了正在实践正向教育法的妈妈们,她们分别是本田女士、大久保女士、加藤女士(化名)。她们也是在我主办的妈妈学校中接受专业课程的学员。

包括孩子的情况在内,请先简单地介绍一下自己。

*"专业课程"最大限度地深化妈妈学校中的基本概念——"父母表现力"的相关知识,同时实践性地学习如何传授父母表现力的课程。"基础课程"是以沟通交流为基轴,

第 7 章
正向教育妈妈座谈会

构筑与孩子更好的相处方式;"进阶课程"是和孩子一块提高自身的表现力,丰富育儿后的经历。妈妈学校终极课程的培养目标是让大家能够把育儿经历浓缩成经验,在工作、奉献社会的过程中充分展现自我。

本田:我现在不在公司上班,而是在做一对一的教练(Coaching)。

我有两个儿子,大儿子上小学五年级,小儿子上二年级。

大儿子在上三年级之前我一直是全职上班,后来觉得这样继续上班真的好吗?这段时期正是育儿的关键时期啊!所以就一点点地减少工作,然后在三年前辞职,采取了现在的工作方式。

加藤:我做了五六年的托儿所护士,两年前意识到孩子要备考小学就辞职了。丈夫是医生,所以我现在每周会抽出两天左右的时间给丈夫的工作帮忙。

我有三个孩子,老大是儿子,上小学四年级;老二是女儿,上一年级;还有老三,也是儿子,刚 4 岁。烦恼自然也是有的,不过我会在育儿的过程中积极寻找快乐。

大久保:我在 2012 年 3 月份之前都在公立小学当老师。我有一个 16 岁的女儿,因为丈夫的工作原因,他和女儿从三年前开始在美国生活。

8月份我也会去美国，希望能以教练课程中所学的知识来对待女儿，也希望能帮助到那些居住在美国的日本妈妈，所以在妈妈学校学习了父母表现力的相关知识。

江藤：谢谢大家的发言。大家的孩子人数和年龄各不相同，但都是处于育儿阶段的妈妈。此前想必也有不少因育儿而产生的迷惑和烦恼，请说一下其中印象特别深的事吧。

首先告诉孩子"妈妈是你的好伙伴"

本田：上二年级的小儿子是情感外露型的孩子，他经常强烈地表达自己的想法，也因此和周围人格格不入，很多时候都会被朋友误解。做事不会想着让周围人理解，不会考虑对方的心情，事事以传达自己的想法为主。他的自我意识很强大，但在集体生活中却不能很好地传达出自己的想法，和朋友相处也容易出现纠纷，关于这些问题，我和他的班主任进行过多次交谈。

第7章
正向教育妈妈座谈会

因为我自己也学习过教练的相关知识，所以心里想着有必要一个个地解读小儿子的想法吗？但又想着不能一直以这样的态度对待我的孩子，我要努力地告诉他事情的好坏。

正是到了现在这个社会，孩子们的个性都十分鲜明，我也知道有这样性格的孩子不只小儿子一个。但是，在小儿子只有三四岁的时候，我就对他有了偏见，"为什么这孩子就是不明白呢""也许这孩子原本就有问题"。我没有积极地去理解孩子，而是自上而下地俯视他，坚信父母要教育他善恶是非。

江藤：你提到了"正是到了现在"，那么对比以前和现在，本田女士的哪些地方有所改变呢？

本田：我想，是作为妈妈面对孩子的那份从容吧。特别是在做全职工作的时候，忙得前脚不跟后脚。在公司中对工作有着过高的责任感，而对于幼小的孩子，却没能把他当作一个独立的人，没能做到根据他的年龄来跟他相处。

对待孩子，"为什么你就是不明白"的想法首先就冲入大脑，无法做到从他的角度去思考"为什么他会那么想呢"。

而且，把孩子托付给幼儿园、托儿所时，他们要进行PTA（家长教师协会）活动，把有工作的妈妈和全职主妇等生活环境不同的人集中到一起，我忙于调整这些，自然就顾及不到孩子。

江藤： 减少了工作、时间变得富余后，本田女士与孩子的相处方式是如何变化的呢？

本田： 以前不问青红皂白就发怒，"那样做是不对的"，现在可以慢慢确认，"你有话想对我说吧，虽然做得不好，但你想告诉别人什么呢"。于是，他可以坦率地对我说他是怎么想的。

以前在这种情况下，我会对他的话追问道："你觉得那是对的吗？还是不对的呢？""你都上小学了，那种事应该明白的吧？"要求他辨别是非。于是下次他就不再说学校里的事情，我只好从老师那里打听他在学校的状况。

我反省了自己追问的坏毛病，首先向他传达"妈妈是你的伙伴"，不是单方面地训斥他，而是与他"对话"。

对于发生的事实，不是单纯地指出"那个不可以""不对"，而是一个个地去分析，去推进话题，"那个时候是什么想法""对方如何看待这种事"，谈论到最后他会笑着说"我明白了"。

因为问题无论如何都会发生，所以我想和班主任合作，慢慢地守护他，让他融入集体生活，学会考虑对方并能够温

第 7 章
正向教育妈妈座谈会

和地提出自己的主张。

江藤：因为本田女士改变了相处方式，所以孩子也在改变，虽然慢，但确实是在改变。大久保女士呢？

大久保：育儿并没有让我很辛苦，但我常常担心女儿，遇到困难时，一个人是否能应付。特别女儿是独生女，我甚至希望自己能一直守护她到老。

当然，人有自己的寿命，不可能实现那样的事。但我还是想陪在孩子身边，为女儿未雨绸缪，成为"防止她跌倒的拐杖"。自己觉得自己相信孩子，但仔细想想，想要"守护女儿到老"的想法也从侧面反映出了自己对女儿的不信赖。

女儿不会主动表现自己，所以经常让我着急，"明明再积极一些就好了""妈妈希望你能更积极地表现自己"。因为丈夫的工作关系，父女二人从三年前开始在美国生活，女儿现在上高中，在美国不擅长自我展示的话就无法生存。如果在日本，周围的孩子会亲切地对待转学生，而在有很多移民的美国，情况很不同。班上转来外国同学并不稀奇，大家也只是当平常的同学对待。

很长一段时间内，女儿每次打电话都说"想回日本"。

认真听孩子讲话也是一大精神支柱

江藤：那里的环境和日本有些不同，所以你的女儿不能很好地适应。

大久保：是。她会问："为什么必须去美国上学？"但是，因为我不能一块去美国，当时问她"和妈妈留在日本还是和爸爸去美国，你想如何选择"时，选择去美国的是她本人。所以我问女儿："去美国是谁做的决定？"她回答："是我自己。"就又回到了决定去美国时的想法。由于不能很好地适应美国生活，所以才反复说"想回日本"。

以前问她"日本和美国哪个好"时，她都回答"日本"，而现在会说"哪个都好"，所以我也放心了，不过发展到这一步真的花费了很长时间。

如果我再早点进入妈妈学校学习父母表现力的话，就能更好地开导女儿吧。但当时的我只会默默倾听，和女儿一起

第 7 章
正向教育妈妈座谈会

变得意志消沉。或者和女儿说话时特有精神,挂了电话后却会想"希望能做得更好点"。

在父母表现力中最重要的就是认真倾听孩子讲话。虽然我没能说出使女儿内心变得积极的话语,但很庆幸自己做到了倾听。

江藤: 虽说和父亲在一起,但女儿在美国还是感到不适应,毕竟美国和日本文化有所不同。那个时候,大久保女士做到了认真倾听女儿说话,这对女儿来说是极大的慰藉。加藤女士有什么类似的经历吗?

加藤: 大多我都忘记了,想不起来类似的事情。我回想了一下自己小时候是怎样的,但也没想出来什么特别的。我一边听大家谈论,一边反思这是为什么。我自我分析了一下,虽然想到的这个理由并不是决定性的,但我认为,如果父母对事乐观,那么即便孩子有烦恼忧愁,也不会为此烦恼很久,很快就会忘记。

我的母亲经常说"酸甜苦辣才叫人生"。

当然了,这并不是说我小时候没痛苦悲伤过,而且现在育儿的我也遇到过困难。但是我想哭就哭,也明白就算一两天没有食欲,但时间一长人就会自动好转。这种认知让我可以接受各种事情,并支持着我克服困难。

在我的记忆里,母亲很少认真听我讲话。听了大久保女士、本田女士的话后,我重新认识到了倾听孩子讲话的重要性。

本田: 倾听是打开孩子世界的重要方式,我对这一点感受很深。我开始学习教练课程是因为公司的一次培训。培训期间正好赶上大儿子从托儿所转到幼儿园,那段时间我亲身感受到了倾听的效果。

托儿所和幼儿园不同,老师和家长是不同的相处模式。托儿所以保护培育孩子为主旨,老师不会对孩子做出什么评价。而上了幼儿园,老师会问家长"您在家里面是如何对待孩子的"。

那家幼儿园的老师感觉到大儿子与老师和朋友的相处方式有些问题,多次对我说"请在家再多多关心他"。

最初觉得"幼儿园的老师怎么还要管到家里面呢",正好那时候看见教练相关的书籍里面写着和孩子的相处之道,"你在对孩子说什么话"。自那以后,我开始积极地倾听大儿子说话,不到一周,幼儿园的老师说:"您的孩子完全变了个样,这么短的时间您是怎么做到的?"

虽然现在不记得大儿子当时哪里有问题,但毫无疑问,我亲眼见证了教练方法的效果。

第7章
正向教育妈妈座谈会

☀ 改变说话方式，孩子也会发生改变

江藤： 孩子朝好的方向变化发展，是父母共同的愿望，其他女士有没有像本田女士一样，孩子因妈妈变化也发生变化的经历呢？加藤女士有吗？

加藤： 就像"人应该要这么做"一样，我曾经对孩子的要求过于理想化。以努力为美德，告诉他努力的重要性。对学习也是，告诉他基本学习能力是将来做任何事情的基台。即便现在觉得它不重要，但等将来有自己想做的事情时，如果没有基本学习能力，就不能挑战想做的事，所以必须好好学习。

也因此，孩子从学校一回来首先就问我"今天应该做什么"，我每天都会命令孩子"要做这个和那个"。孩子嘛，都想玩、想看电视，但父母完全不会考虑孩子的感受。总之，孩子在家的时候，我就会一直冲他喊"快点做什么什么，你看现在都几点了"。

我自己也觉得不能继续这样下去，孩子也会渐渐地不听父母的话。心想着该怎么办才好，然后就开始在妈妈学校学习。

妈妈学校首先会告诉大家"孩子是什么"，在学习"自己变化的重要性"的过程中，我改变了对孩子的说话方式。孩子本能地活在当下，基于这个事实，即便要他做的是同一件事，也可以改变说话方式。比如，不是命令他"去学习"，而是"现在玩得很开心，不过从几点开始学习呢""那就玩到几点，然后学习"。

最初还会对自己的突然改变感到难为情，对自己的变化有很大抵触，孩子会奇怪地看着你问"妈妈这是怎么了"。不过，当我意识到我的话会影响到孩子后，说话方式渐渐地开始变得自然，想法也改变了。例如，我不会从否定性的角度去说"为什么不做呢"，而是提议"那么几点开始做呢？自己决定好时间写在纸上吧"。

于是，小学一年级的女儿会自己写在纸上几点开始练钢琴、几点开始写作业，说："妈妈，到点了你叫我，那之前我要玩。"大儿子一直以来都是按照自己的步调努力，但女儿会反抗我，所以我对女儿的变化真的感到吃惊。虽然有时也不会按照计划来，也会进一步退两步，但的确感到女儿在变化。

第 7 章
正向教育妈妈座谈会

江藤:加藤女士也很少在家里大声说话了吧?

加藤:少了。我也会控制我自己,不过通过妈妈学校的学习,也意识到自己小时候也讨厌被父母这样对待吧。

如果被父母一味地责怪"为什么就考了那么点分",自己会很难过;"那里做得很好,但是这里没有做出来,所以要接着努力",如果父母积极地鼓励,自己就会变得积极向前。

只要学习这些知识,人就能改变。

现在的确能感到,我自己通过学习改变了行动,孩子们也跟着改变了。

大久保:我和加藤女士正好相反,有一段时间,我的变化甚至导致了母女关系的恶化。当班主任那会儿,有的家长就是不接受我,我就讨厌去学校,感到受挫,身心都受到巨大的打击。回家精心准备好晚饭后我就躺着,当时小学五年级的女儿看着累坏的我一定会感到不安吧,因为妈妈没有照顾她而感到孤寂吧。

有一天,我们两个人出去买东西,我忽然注意到往常黏在我身边喊"妈妈,妈妈"的女儿一直走在我后面。我一边说"不要在妈妈后面走,有什么事的话会不方便,至少走在前面",一边想着"这孩子是进入青春期了吗"。这就是我的变化带来的影响。如果那种状态一直持续的话,我们的母女关系会变成另一种样子吧。

庆幸的是，结束了那年的班主任工作后我就恢复了原样，和女儿的关系也没有再恶化。今年的母亲节，在美国的女儿给我发了信息说"妈妈，谢谢你经常听我说话"。虽然我只能通过手机看到这句话，但心里面还是很高兴，感觉太好啦。

接下来我的任务就是让女儿更有自信，万事向前看。我想把在妈妈学校学到的"不要一味地自责""学习会让人更加积极向前"也告诉女儿，所以与女儿的沟通也变得更加认真积极。

本田： 之前提到过我通过认真倾听孩子说话，孩子因此而改变。听了大家的话后我又想起来一些事。

改变了与孩子的相处方式、对话方式后，我开始积极地参加孩子的活动。

举办 PTA 活动，自己也穿着制服和孩子一起参加童子军活动。这样才能看到孩子如何与父母以外的成人接触，可以知道孩子的另外一面。

参加同样的活动就能和孩子有共同话题，这不仅增加了对话机会，也拉近了我和孩子之间的距离。

第 7 章
正向教育妈妈座谈会

以自己的行动
改善孩子的问题

江藤：非常感谢各位妈妈分享了珍贵的经历。虽然大家的家庭成员构成、孩子的年龄各不相同，但从大家的话语中，我重新感受到了妈妈们在育儿过程中的辛苦与不易。通过各位的话语，我知道了妈妈们通过在妈妈学校学习，改变了与孩子的相处模式，孩子也因此而改变。作为妈妈学校的创办人，我对此感到非常高兴。最后请大家简单说一下，是什么样的契机让你知道了妈妈学校？又出于什么动机让你决定来上课的呢？

本田：正在上小学五年级的大儿子想考初中，现在在上补习班。我和丈夫小的时候上初中都不用考，也没有相关的备考知识，所以对不能给大儿子提供适当的信息感到抱歉。和我的个人教练谈论这个困扰的时候，他向我推荐了江藤老师。我在浏览江藤老师的官网时，知道了妈妈学校的存在，它很吸引我，当时就想着一定要来上课。

加藤：我也是，小学四年级的儿子为了备考初中上了补习班。在那家补习班收到了几张宣讲会的宣传单，其中江藤老师的主题"如何让你的育儿充满干劲儿"引起了我的注意。我参加了宣传单上的某个活动，被江藤老师说的"孩子会通过妈妈的改变而成长"所打动，然后就开始关注妈妈学校。

大久保：我作为老师要和各种家长打交道，切身感受到妈妈的言行会大大地影响孩子。同时也感到妈妈很辛苦，因为育儿多是妈妈一人承担。

我想着能不能对妈妈们提供些好的建议，就去网上搜集信息，正好看见了江藤老师发送的电子杂志。里面写的都是我关注的事情，所以就注册了会员，每一期都看。

以前也知道有妈妈学校这种专门为妈妈设置的学习场所，但因为工作原因没有时间去上，所以没有详细地了解过。辞职后，我重新了解了妈妈学校，真正感到这正是自己期待的学校，立即决定上课。

江藤：大家来到妈妈学校的缘由各不相同，对于大家能够敲响妈妈学校的大门我感到十分荣幸。来妈妈学校的人，在育儿方面都或多或少地有着疑惑、有着烦恼，但我们的目

第 7 章
正向教育妈妈座谈会

的不是让孩子学习，而是让自己去学习、去改变。妈妈学校的招生对象不是孩子而是父母。所以，大家并不是在妈妈学校经过学习后才变成正向教育妈妈，而是在敲响妈妈学校大门的那一刻，已然成为正向教育妈妈。

妈妈学校已经创立两年半了，几乎没有收到过"该如何对待我的孩子呢""对孩子的这个事情很困扰，对他说些什么好呢"之类的疑问。这是因为我们的学员没有想着一直依赖我们。

来这里不是寻求让孩子变好的一个个具体答案，而是提高自己，变成更好的家长，让亲子关系变得更好。通过自己的实际行动来改善孩子的问题，让自己的人生变得更精彩。完全不会把责任归于他人，任何事情都基于自我负责而行动。我能够强烈地感受到妈妈们展现出的那种姿态。所以她们可以积极地理解并接受所有事物，大胆尝试一切挑战。

如果父母一直是向他人寻求具体答案，那么无论我再怎么知无不言、言无不尽，当父母一旦遇到"我的孩子不符合你所说的情况"，我说的答案就会被排除。"江藤老师是那么说的，但我孩子的情况有些不同"，一旦形成壁垒，我想传达的信息就再也传递不过去。

在女儿小的时候，一听她说肚子痛，我就会烦恼"怎么做才能治好肚子痛呢"。不过，随着孩子慢慢长大，我不再只纠结于如何让她的肚子不痛，而是把视角转换成"如何让她变成更健康的孩子"。

而现在与会的本田女士、大久保女士、加藤女士已经具备那样的视角。

我很荣幸妈妈学校能够成为帮助妈妈们学习的地方，成为妈妈们相互交换信息、相互提高的地方。